"人民教育家论坛"文库

卓越校长的追求
陈玉琨教育评论集

陈玉琨◎著

华东师范大学出版社
·上海·

图书在版编目(CIP)数据

卓越校长的追求:陈玉琨教育评论集/陈玉琨著. —上海:
华东师范大学出版社,2012.7
("人民教育家论坛"文库)
ISBN 978-7-5617-9776-1

Ⅰ.①卓… Ⅱ.①陈… Ⅲ.①中学-校长-学校管理-研究-文集 Ⅳ.①G637.1-53

中国版本图书馆 CIP 数据核字(2012)第 172145 号

"人民教育家论坛"文库
卓越校长的追求——陈玉琨教育评论集

著　　者　陈玉琨
策划编辑　彭呈军
审读编辑　敬鸿章
责任校对　邱红穗
版式设计　崔　楚
封面设计　陈军荣　杜静静

出版发行　华东师范大学出版社
社　　址　上海市中山北路 3663 号　邮编 200062
网　　址　www.ecnupress.com.cn
电　　话　021-60821666　行政传真 021-62572105
客服电话　021-62865537　门市(邮购)电话 021-62869887
地　　址　上海市中山北路 3663 号华东师范大学校内先锋路口
网　　店　http://hdsdcbs.tmall.com

印　刷　者　上海商务联西印刷有限公司
开　　本　787×1092　16 开
印　　张　13.75
字　　数　135 千字
版　　次　2012 年 10 月第 1 版
印　　次　2023 年 5 月第 6 次
书　　号　ISBN 978-7-5617-9776-1/G·5774
定　　价　28.00 元

出版人　王　焰

(如发现本版图书有印订质量问题,请寄回本社客服中心调换或电话 021-62865537 联系)

前　言

一

　　本书是对我国 27 位中学校长在"人民教育家论坛·全国优秀校长教育思想研讨会"上讲演的评论。其实，与其说是对这些校长讲演的评论，还不如说是作者在与他们互动和讨论中的一些感悟。早在 2000 年，《学术月刊》在对我做人物访谈，谈到学术传承的时候，我说："我的学术研究受两批老师的影响，一批是我的研究生导师。他们是我国教育理论界两位著名的大师：原华东师范大学校长刘佛年和瞿葆奎教授。""我的另一批老师是我国的中学校长"，"其实从内心说，我的学术研究受他们影响很大，形成了一种强烈的实践导向的研究风格。哪怕是研究最抽象的教育问题，在大多数情况下，我都自觉或不自觉地考虑它的实践意义"。* 校长们说我是"自谦"，但这确实是真实的。自2000年以后，凡是读过我论文与专著的人，都会从中闻到一股"泥土味"，我自嘲为：因为它是"本土的"。这里"本土的"应当读成：本"土的"，就是说，其含义并非是相对于"国际的"，而是相对于"形而上"的，即是"形而下"的，草根的。

中国教育正面临着前所未有的挑战。关于"教育是什么"、"教育为什么"以及"怎样才能办出真正的教育"，这些涉及教育的根本问题，急需中国教育工作者给出与时代发展相吻合的答案。尤其是校长作为学校教育的践行者，"在很大程度上，他们对教育的理解决定着教育的样式。糊涂的校长办糊涂的教育，自觉的校长办自觉的教育。为此，教育部中学校长培训中心始终把提升校长的教育自觉作为自己最重要的使命，并为之做出了不懈的努力。在培训中心的各类培训班，尤其是高级研究班，在研的校长都把提升自己对教育的理解作为学习的首要任务。教育，从自发走向自觉已经成了我国一批教育先行者的追求。"**

中国的教育工作者，包括教师与校长，是充满智慧的。提炼与概括他们的智慧，传播他们当中一批先行者的思想，对引领我国基础教育的发展，推动我国基础教育的改革，有

---

* 陈玉琨、文欣："教育评价理论的突破与创新——陈玉琨教授访谈"，《学术月刊》2000年第5期，第108页。
** 陈玉琨主编：《"人民教育家论坛"文库·总序》，华东师范大学出版社，2012年版，第1页。

着重要意义。本人长期从事中学校长的培训工作，从中学校长中收获颇丰，为此，理应为他们多做一些工作。本评论选与同时出版的《人民教育家论坛文库》，其意也在于此。

二

本评论选没有按照他们讲演的时间顺序排列，而是按照讲演的内容做了适当的归类。27位校长的教育讲演大体上回答了三个问题：教育应当培养什么人、怎样培养人以及学校应当如何办。第一篇"成'人'：教育的基本追求"，是关于教育应当培养什么人的讨论。第二至第三篇是关于怎样培养人的研究；其中关于创新人才的培养，由于其具有一定的特殊性，所以单独编成了第三篇，但本质上，它仍然还是关于怎样培养人的研究；第四篇是关于学校应当如何办的探析。

这一归类是很粗浅的。虽然，每位校长的讲演重点各不相同，但是，他们的讲演几乎都会涉及上述有关教育的三大问题。好在华东师范大学出版社已经全文发表了他们的讲演稿，有兴趣的读者可以对照起来阅读，相信这会有更大的收获。

由于这些评论都是即兴的，都是在有关校长以及他们学校的校友、家长与在读学生代表发言后即时发表的感想，所以，在评论过程中，语言的重复、逻辑的跳跃乃至引用材料的错漏在所难免。为出版的需要，本人对录音整理稿作了一定的修改。为保持即兴讲话的原貌，本次修改基本不对讲话的观点、风格以及结构作重大调整。这当然会增加犯错的可能。美国著名心理学家马斯洛在谈到他的研究时说："要做的唯一有气魄的事似乎就是不要害怕错误，投身进去，尽力而为，以期能在大错到纠正它们的过程中，学到足够的东西。"* 本人深受启发，为此，衷心期待各位同仁的批评指正。

三

承蒙各位校长的支持，这 27 篇讲话稿都由有关学校进行了初步的整理。在此基础上，教育部中学校长培训中心的两位青年博士邓睿与王红霞又帮助做了不少文字梳理工作，华东师范大学出版社彭呈军同志为本书的出版颇费心血。借本书出版之际，一并向他们表示衷心的感谢。

陈玉琨
2012. 5
于华东师范大学丽娃河畔

---

* A·H·马斯洛著：《自我实现的人》，三联书店，1987 年版，第 2 页。

目 录
CONTENTS

第一篇　成"人"：教育的基本追求

1. 成"人"：教育的基本追求 ················· 3

　　当然我们要努力使每个人都能成为拔尖的人才，有丰富的知识，有更高的学历，这是我们的追求。但别忘了教育最根本的还是使人成为人。

2. 阳光本是七色的 ···························· 14

　　正是在这一意义上，我们说，要帮助学生形成一个多彩的人生，就要帮助他们寻求、产生或者说制造、创造不同的希望，不同的梦想，不同的人生价值取向。因而就呼唤我们学校要有不同的教育，不同的教学和人才培养模式；呼唤我们学校有更加丰富、更加多彩的管理制度和管理举措。

3. 每个孩子都是有价值的 ·················· 25
　　　尊重是人的基本需要，更是孩子成长的需要。学校不尊重孩子，孩子一定会自暴自弃。学校要成为孩子的精神家园，成为最值得孩子留恋的地方。不管是在求学期间，还是毕业以后，孩子都有到学校看看的冲动，这个学校就是成功的学校！

4. 培养有灵魂的中国人 ·················· 31
　　　我以为如果没有把对教育的自觉认识转化成为教育的行为，这个教育的结果是不可能产生的。教育是有目的有计划的，不是随意的。

5. 为领袖人才奠基 ····················· 38
　　　尊重学生的差异，让每个学生的潜能得到最充分的发挥，这是所有学校都应当承担的社会责任。这一思想又是普适的。理解这一点，对我们办好每一所学校都有重要指导意义。

本篇附录 ·························· 42
　　中国教育：质量与平等 ················ 42
　　学生的成长才是学校成功的标志 ·········· 48

第二篇　教育：回归人的生活

6. 本真、唯美与超然的教育 ················ 55
　　　现在我们的教育过于功利，教育目标过于指向我们今天所想得到的功利，所以在这个意义上还教育的一个本色人生，还我们的学生、还我们的教师、还我们的校长以生活的本真，我认为这是非常重要的问题，有非常重要的现实意义。

7. 追求美和追求美的教育 ………………………… 64

作为教育工作者，无论是校长还是教师都要懂得美、理解美，在学校各处，在我们所上的各门学科中，发现美、传递美，这对提升学校教育的质量，提升教育之美的内涵有重要价值。

8. 教育与学生的天性、德性与个性 ……………… 71

按照孩子自身成长的法则，按照孩子自身成长的规律和他的年龄特点，尊重孩子的兴趣，尊重孩子的愿望，保护他们的好奇等等，都是我们对教育工作，对学生成长一个比较深刻的认识。

9. "用心"书写的教育 ……………………………… 78

任何教育最终都是育人的，如果没有爱和责任的教育，可能培养的是一个冷漠的人，甚至是一个反社会的人，即使高智商的人都有成为反社会的人的可能。

10. 教育：回归人的本源 …………………………… 83

不同的教育最终造就的人是不一样的，学生最终带着阴暗、带着恐惧的心理走上社会，这和他们带着自信心理走上社会有很大的不同。所以，在这个意义上，我们的学校教育既是孩子未来生活的准备，更是孩子当下生活本身。

11. 教育：铭心相约 ················· 88

　　　　能够示范、引领、推动一个地区教育发展的，不是具体做法，实践重要，背后的思想更为重要。假如不能把我们做法、言论背后的思想挖掘出来，那就没有达到应有的层次，从这个意义上说，言行统一是更高的要求，更难的要求。

12. 教育：让生命幸福成长 ············· 92

　　　　我们的校长对教育的本质有了更深刻一点的认识，在我们努力下，学生的幸福就会今天比昨天多一点，明天比今天多一点，这就是我们孩子的幸福。如果有这样的追求，我们的教育会越办越好，孩子越来越幸福。

13. 让学生多元发展，为社会提供多样化人才 ······ 98

　　　　学生的兴趣爱好、情感品行比基础知识、基本技能更为重要。当然，作为一个人还要有对社会、国家的责任感，有家庭责任的担当等，这肯定是价值选择的问题，是学校教育要考虑的至关重要的问题。

14. 美好人性的培育，一种教育的价值选择 ······· 103

　　　　我们强调美好人性的培育，是有现实针对性的，它没有也不应该以忽视科学理性为代价，科学理性仍然是重要的。当然，工具理性的过度张扬，对社会文明带来越来越严重的后果，这是需要我们认真关注的。这就是我们今天在这里讨论培育美好人性的意义与价值。

15. 关于博雅教育 ················ 110

　　　　学校教育是非常需要我们校长高度的教育自

觉与教育智慧的，他们应当善于把国家的需要与学生个体发展的需要紧密地结合起来。从这一点出发，在中学提倡博雅教育和人文精神有非常重要的现实意义。

16. 让学生拥有灿烂的心灵 …………………………… 116

其实笑容和心灵一个是表象，一个是内在的根源，所以要让学生带着笑容走进学校，一定要让学生拥有灿烂的心灵。这是我们学校教育工作者给予的，或者是我们教育工作者创造条件让他取得的。

17. 关注人文情怀：教育的时代选择 ………………… 120

人文情怀的建构应当成为我们教育工作者终极的价值取向之一。人文情怀的教育与科学教育相互作用与相互促进，这是教育的重要规律。我们的教育是培养人的活动，关怀人是教育题中应有之义。

第三篇　常态化：创新人才培养的有效途径

18. 创新人才的培养与教育的可能选择 ……………… 129

所谓培养，就是学校要给学生敞开心灵，用徐校长的话说就是敞开希望的空间。这个过程不是外加的过程，而是学校把那些可能蒙蔽学生心灵的障碍给清除掉。从我们学校教育来说，经常会误以为给学生越多的知识，学生就会发展得越好。

19. 创新精神培养的有效途径：常态化的教育 ……… 134
    为了每一个学生，它不会抛弃少数精英，也不会忘记还有部分学有余力的学生，但是我们还有相当一部分常态化的学生，所以在这样的意义上，为了每个学生的发展，发掘每个学生的创造因子，它有更大的意义，更有普适的价值。

20. 学校：师生求索的乐园 ……………………… 143
    不管什么样的学校，不管这一学校是在天津还是在北京，是在江南还是江北，是在东北还是在西南，没有例外的。从学校教育来说，要让学生充满求知的、求索的愿望，就一定要克服、避免"让学习成为可怕的事"。

本篇附录 …………………………………………… 150
　　偏才、怪才与创新人才 ……………………… 150

第四篇　教育发展与学校改革

21. 教育：从自发走向自觉 ……………………… 157
    作为校长要对教育有一份敬畏感，我们还不懂或者不完全懂得教育，我们对教育的理解还非常肤浅；我们还不懂孩子，我们对孩子的理解还远远没有到达孩子心灵的深处。

22. 教育的自觉和教育的不自觉、反自觉与伪自觉 … 167
    教育要放飞学生的心灵，首先要放飞教师的心灵；放飞教师心灵，校长就要放飞自己的心灵。如果一个学校的校长没有自己的理想与追求，期望教师有远大的理想与追求一般来说是很困难的。

23. 校长的追求：让教师成为最幸福的人 ············· 178
  提升教师的幸福感不仅仅只有满足教师需要这一条路，在我看来更为重要的是改变教师的期望，改变教师的需求，所以我特别强调价值引领，特别强调教师精神的提升。

24. 坚守是一种智慧，一种追求 ····················· 184
  坚守就是要回归教育的本质，端正我们的教育价值观与质量观；要认真研究教育规律；研究社会的需要；要使我们的教育重视学生的精神生活，放飞他们的心灵。

25. 对变与不变的再认识 ··························· 189
  以往我们追求学历、追求知识的掌握，现在我们追求素质的提升、人的思维发展、人的情感提升、注重人的精神。从教育的价值追求来说，也在随着时代的发展不断变化。

26. 自我超越：途径与方法 ························· 194
  新时期社会对学校有新期待，不断地认识学校现状与社会新期待的差距，才有超越自我的动力。

27. 在服务社会中争取社会支持 ····················· 199
  经营学校首先要经营学校的无形资产。对学校来说，这个无形资产是什么？是学校的办学特色，是学校的人才培养模式，是在这个基础上形成的学校品牌。

2012年3月在马来西亚接受记者采访

第一篇
成"人"：教育的基本追求

1. 成"人"：教育的基本追求
2. 阳光本是七色的
3. 每个孩子都是有价值的
4. 培养有灵魂的中国人
5. 为领袖人才奠基

本篇附录

中国教育：质量与平等
学生的成长才是学校成功的标志

1

成"人"：教育的基本追求*

尊敬的夏强校长和各位教育同仁：

仔细听了夏强校长"不求人人成才，但须个个成人"的报告，尤其听了家长、校友、学生的发言，引起我很多深思。我想至少引起我在五个方面的深思，因此我提出五个问题，下面我试图根据夏强校长的思想对这些问题与大家一起做些研讨。

第一个问题：我们现在的社会是以人为本，还是以人才为本？换句话说，是人才重要，还是人重要，人才真的比人还重要吗？

第二个问题：人究竟是手段还是目的？人是什么，社会发展为了什么？这是一个教育必须思考的最重要的问题。

---

* 本文是在夏强教育思想研讨会上的点评。夏强，男，石家庄市第 44 中学校长兼党支部书记，特级教师。他教育讲演的题目是"不求人人成才，但须个个成人"，载《教育：从自发走向自觉》，华东师范大学出版社，2012 年版。

第三个问题：在城乡差距客观存在的背景下，教育究竟应该向谁倾斜？

第四个问题：基础教育的"基础"究竟在哪里？不管是小学也好，初中也好，高中也好，都属于基础教育范畴，这个基础究竟在哪里？这对决定教育究竟干什么、往哪里去努力，有着重要的联系。

第五个问题：教育成功的标志是什么？什么是成功的教育？

这些都是夏强校长的报告引起我们思考的。听了夏强校长的报告后，对这些问题似乎有了一些理解，我试图做一些回答和大家共同探讨。

第一个问题：我们现在的社会是以人为本，还是以人

在夏强教育思想研讨会上

1 成"人"：教育的基本追求

才为本？我们现在社会强调的是以人为本，没讲以人才为本。人才重要不重要？我相信是重要的。党的十六大报告特别强调了"四个尊重"，这"四个尊重"就是：尊重知识、尊重劳动、尊重人才、尊重创造。其中对劳动的尊重是非常重要的一个方面，离开了劳动，我们的社会怎么发展？前两年美国的《时代周刊》封面人物是中国的普通工人，它在年度的封面人物上没登一个领袖人物，这是有意义的。在整个世界由美国"两房"引起的金融危机当中，是中国的普通工人，他们为整个经济危机的解决、经济的复苏作出了巨大贡献。我们社会强调以人为本，当然要尊重人才，但还是以人为本，不是以人才为本，这是至关重要的一个观点。其实究竟是人重要还是人才重要？人才真的比人还重要吗？这是个伪问题。什么是人才呢？人才首先是人，他是人的一部分，无非就是指人群中那些专业拔尖的、知识丰富的、学历较高的那些人，所以把人和人才对立起来是不合逻辑、没有意义的。当然，作为人群中一部分的人，他们并不是人的全部，是人中的一部分。所以从社会发展来说，我们还要回到根本——以人为本，而不是以人才为本。以人才为本只是以人群中的一部分、一小部分人为本。按照心理学的研究，所谓的人才、智商超常的人才占整个人群的比例大概只是2%、3%，总的来说还是一小撮，还谈不上小众。大众是谁？是平民。所以教育为了人，以人为本，天经地义。很遗憾我们不少教育工作者偏离了或者误解了"以人为本"与"尊重人才"这两个概念。

> 我们社会强调以人为本，当然要尊重人才，但还是以人为本，不是以人才为本，这是至关重要的一个观点。

> 所以教育为了人，以人为本，天经地义。很遗憾我们不少教育工作者偏离了或者误解了"以人为本"与"尊重人才"这两个概念。

> 但别忘了教育最根本的还是使人成为人。

当然我们要努力使每个人都能成为拔尖的人才，有丰富的知识，有更高的学历，这是我们的追求。但别忘了教育最根本的还是使人成为人。所以在任何意义上，我们都要全面地去理解党和国家的教育方针政策。这个话不是我说的，"以人为本"是写进我们党的历史文件的，"四个尊重"是写进十六大报告的。人才是需要尊重，但这个社会还是以每个人的发展作为根本的。所以在这个意义上，我以为，夏强校长的报告给了我们很大的启示：别忘了教育的根本、教育最终的价值追求！

第二个问题：人究竟是手段还是目的？马克思早就批判过，在资本主义社会，人成为了经济发展的手段。人的发展是为了经济的发展，人的发展成了经济发展的手段。马克思说古代社会是以人为目的的社会，经济的发展是为了人的发展。在资本主义社会，人的发展成了创造财富的手段。这就叫"异化"。中国在经济高速发展过程当中，我以为出现了一个偏差，就在于 GDP 成了我们的目标，人的发展成了手段。具体来说，人才就是为经济发展这个目标服务的最重要的手段。为此，我们需要端正自己的认识，这确实非常重要。

> 整个社会是以人为本的，人是社会发展的目的，经济发展是为了人的发展，社会发展是为了满足人的物质和精神需求的，如此而已。

整个社会是以人为本的，人是社会发展的目的，经济发展是为了人的发展，社会发展是为了满足人的物质和精神需求的，如此而已。经济是为人服务的，不是人为经济服务的，这个关系不能颠倒。所以在这个意义上，我想，作为教育工作者，对手段和目的的关系应当有一个更准确、更清晰的把握。从我个人的观点来看，劳动的价值对一个社会来说是最根本的，刚才这位学

1 成"人"：教育的基本追求

生家长是一位农民工，可能我们中会有人瞧不起她。然而，整个社会是依靠他们的，没有他们我们怎么能享受今天的物质财富？所以在这个意义上，我们每一个人都要向这些热爱劳动的，每天在劳动第一线辛勤劳作的人深深鞠一躬，向他们表示感谢！从我们教育来说，也应当为他们做更多的努力。大家知道我们党的教育方针，从以前的为无产阶级政治服务，到现在的为社会主义现代化建设服务，十六大之后又加上了为人民服务，这个变化的过程就是我们认识深化的过程。

当然从一个国家来说，投资教育总要考虑国家、民族发展的需要，其中包括经济发展与科技发展的需要。但这绝不意味着我们可以颠倒这个关系，即人是目的，还是手段。应该说从本源上来讲，人的发展是社会发展最终的、全部的目的。而教育作为整个社会发展的一个工具，服务于社会发展最终的、全部的目的，就是要把人本身当作我们最高的追求。以财富来决定我们每个人的生活是不对的，应该是人决定财富怎么应用。人为了追求财富而忘了人活着究竟为了什么，这就是目的与手段的颠倒。所以在这个意义上，尽管我们高中的校长，追求领袖人才的培养，追求优才教育，这都是需要的。但在这个过程中，我想还是要考虑像夏强校长所碰到的问题，教育为了什么？其根本目的究竟是什么？

第三个问题：在城乡差距客观存在的背景下，教育究竟应该向谁倾斜？这是夏强校长碰到的问题，我以为，这是一个具有普遍意义的问题。夏强校长在报告当中有一个

卓越校长的追求

表，从中可以看出44中农村的孩子更多一点。这引起了我的思考，面对这样的城乡差距，我们的教育究竟应该向谁倾斜？发言的家长非常朴实，从44中看到党的政策，感谢政府、感谢党。其实我以为，我们更应该说的是感谢我们的农民兄弟、农民姐妹。中国是一个农业大国，在座各位，我想你可以查查自己家谱，大概三代以上可能都是农民。我们今天走进城市，享受城市文明，忘了我们自己的祖宗。正因为生活在城市，所以就有点自傲，就有点看不起农民。我可以肯定地说，在座的数百位校长，95%以上三代以前都是农民，不要忘本，我们的祖宗是农民，我们是农民出身的，这是第一个观点。

　　第二个观点，城乡差距是农民造成的吗？不是。城乡差距是在新中国发展历程当中，为了维持社会的发展，农民兄弟姐妹作出了巨大牺牲，比如长期存在城乡剪刀差。新中国的发展，农民兄弟与姐妹是作出了很大牺牲的。在这个意义上，我们每个人都应该放弃一点不应该有的自负、自大，更应该尊重来自农村的人。当然作为具体学校来说，受着方方面面的制约，很难提供更多的支持和帮助，但作为一个校长来讲，我们应当在力所能及的范围里，为缩小中国的城乡差距做出我们自己的贡献，做出自己的努力，这就是教育家的情怀。我想很多校长没碰到这个问题是另外一回事，碰到这个问题有没有这样的情怀，在某种程度上看，是够不够格成为教育家的重要分水岭。没有这种情怀，按照陈立群校长说法就是没有爱，没有责任。没有对我们祖宗的爱，没有对我们农村、农业、农民

没有这种情怀，就是没有爱，没有责任。没有对我们祖宗的爱，没有对我们农村、农业、农民的一份感恩，是个不合格的校长、没情怀的校长。

1 成"人":教育的基本追求

2004 年在新疆

2004 年在新疆交河故城

的一份感恩,是个不合格的校长、没有情怀的校长。除此之外,我们还有一份责任,我们要努力缩小城乡的差距,在这方面做出努力,这是夏强校长提到的"平民教育"的思想。平民教育思想是我们中国教育的一个追求,教育就是为了改变这种不合理状态,不能让那种有钱的人更有钱、有权的人更有权的状况再持续地存在下去,而要为改变这样的状态作出我们的努力,在我看来,这是教育家情怀的重要表现。当然我深知,中国城乡差距的彻底消除还要有一段时间,还要有一个过程。但如果我们校长放弃了努力,我以为我们愧对历史,愧对祖宗,也愧对未来。这又回到我今天上午在谈谭学颖校长的时候提到的一个观点,中国从经济发展来说,所谓人口的二次红利存在于这里。我可以肯定地说,如果没有我们农民兄弟、农民姐妹的努力，坐在这里的各位是没办法享受今天社会文明发展和经济发展成果的。

第四个问题：基础教育的"基础"究竟在哪里？基础教育是什么？为了打基础。什么是基础？基础知识、基本技能是基础？我以为真的错了。基础教育的基础，不在于基础知识，不在于基本技能，这些虽然都很重要，但只是其中很小的一部分。基础教育的"基础"在于使每个人成为人，唤醒人的人性。所以我非常欣赏夏强校长的讲演中提到的观点：回到了基础，促进人的全面发展，就要回到卫生，回到体育，回到行为规范。从洗澡那里入手。刚才那位家长也谈到了这点，这才是真正的基础，是每个人尊严地生活在当今社会中的基础。别以为示范性高中就怎么了，我说我们很多示范性学校学生的学习成绩不错，但这点不见得比 44 中高到哪里。所以我有一个理论，现在出现一个"倒挂"，别以为学历高文化就高，学历高文化不一定高。文化是什么？文化是人的文明化。高校里有些大学生的行为规范很糟糕，令人汗颜，这是我们作为一个大学教育工作者的汗颜，基础教育没抓好。所以我对这个问题非常有看法，我们小学抓共产主义教育，中学抓社会主义教育，大学抓行为规范教育，是教育没做好。所以要回到基础，小学初中当从最根本的基础——体育卫生、行为规范做起，每个人都尊严地生活，从那里开始，这是真正的基础，这是人的尊严、人性的光辉。按照夏强校长的说法，他谈的这些问题好像是低端的，其实不对，这是他的自谦，是高端的。可能我们很多实验性、示范性高中的校

我们小学抓共产主义教育，中学抓社会主义教育，大学抓行为规范教育，是教育没做好。

1 成"人"：教育的基本追求

长，以为这是小儿科，其实不对，你仔细查查你的学校，行为规范不见得比 44 中高到哪里，这是要引起我们高度关注的一个问题。所以借这个机会，我呼吁我们初、高中的校长以及我们各位校长，回去仔细调查研究一下你们学校学生的卫生、体格、行为等这些问题。该补课的补补课，基础教育的基础在这里，夯实为人的基础。前面我讲的所谓"人才"是人的一小撮，是人的一部分，别忘了他首先是人。这逻辑的关系就存在于这里，我以为这对我们来说是很有启示的一些观点。

第五个问题：教育成功的标志是什么？有时候，我们把学校有多少学生考进北大，多少学生考进清华，多少学生走进港大，多少学生走进哈佛，作为学校炫耀的资本。回过来再看看，你选择的学生是怎样一部分学生？可能在整个社会人群当中无论智商还是智能都是前 15%，甚至还是前 10% 的。社会就是由这前 10%、15% 的人组成吗？不是，是由 100% 组成的。所以教育成功的标志在哪里？夏强校长提到：不比起点比成长，不比聪明比勤奋。我以为这对我们来说，是作为任何一个校长都要思考的问题。从学校的角度来说，你究竟给学生贡献了什么？西方有一个叫"附加值"的理论，你的学生是这个起点进来的，人家的是那个起点进来的，最终出去时你就要衡量一下，究竟你这个学校给学生多大贡献？简单来讲，你这个学生进来是 550 分，出去是 600 分，人家的学生进来是 450 分，出去是 550 分，哪个水平高？你看到的是 600 分水平高，550 分当然不如你，还有一段差距。可是人家学校对学生

夏强校长提到：不比起点比成长，不比聪明比勤奋。

的贡献是 450 分到 550 共 100 分，你只有 50 分。这就是我们不看起点，要看你的贡献和学校对学生的贡献，这叫附加值。附加值作为一个理论，我想对我们很有启示。实际上操作当中确实有点困难，因为分数是不等值的，这个起点是很难真正全面反映的。而且 550 到 600 和 500 到 550 是不一样的。大家知道刘翔 110 米跨栏，从 14 秒到 13 秒很容易，从 13 秒再提升到 12 秒 9 很难，几乎是个极限，很难突破的。所以如果用分数来讲，很难有比较性，但这个思想应该扎根于我们各位校长的心中。不要因为我们输出多少 600 分的学生，有多少进入清华，有多少进入北大，我们就可以洋洋自得，可以趾高气扬，没有那么回事。固然有我们学校的贡献，但很多还是学生自身的努力。石家庄 44 中虽然没有人考进哈佛，没人走进耶鲁，但它对学生的贡献是很大的，它为学生的整个成长提供了一个坚实的基础。所以我非常欣赏夏强校长今天没有请一位进了实验性、示范性高中的校友，没有请一位进了北大、清华的校友，请的是进了职校的学生。这很好地诠释了夏强校长的教育理念。

请记住这是在中国，请记住中国还面临很多复杂的问题，请记住中国还是一个发展中国家，在我们整个社会发展过程当中，我们任重而道远。作为一个校长，为中华民族的奋起而努力，一定要有一个对社会全面、客观、公正的认识；作为一个校长应该有这份情怀和抱负，为我们社会目前还处在弱势的这些群体，提供我们力所能及的帮助。而且这些弱势群体其实在历史发展过程当中，是为共

1 成"人":教育的基本追求

和国的发展作出巨大贡献的。相信我们各位作为教育家的校长一定有这样的情怀,相信在我们各位的努力下,中国的教育、中国的社会一定会更加辉煌,更加灿烂,能为全球的发展作出应有的贡献!

谢谢各位校长!

2

阳光本是七色的[*]

尊敬的马玉芬校长和在座的各位同仁：

刚才马玉芬校长，新乡十中的学生、家长、校友的发言给了我们一个完整的画面：马玉芬校长对教育的理解、教育的追求。这些报告也给了我们很多启示。下面我就结合四位的发言，谈谈我对马玉芬教育思想的一些理解和感受。

一、"阳光育人、多元发展"的教育命题

"阳光育人、多元发展"显然有两个涵义：一个是"阳光育人"，一个是"多元发展"。两者的关系在哪里？可能在马校长介绍之前很多人还没有真正理解。"阳光育

---

[*] 本文是在马玉芬教育思想研讨会上的点评。马玉芬，女，河南省新乡市第十中学校长，中学语文特级教师，首届河南省中小学十佳校长。她教育讲演的题目是："阳光育人，多元发展"，载《教育：从自发走向自觉》，华东师范大学出版社，2012年版。

2 阳光本是七色的

马玉芬校长（后排左一）与她的同学

人"没问题，"多元发展"也没问题，但"阳光育人"和"多元发展"放在一起，它们的关系在哪里？就很少有人清楚了。为此，我想解释一下"阳光育人"、"多元发展"的涵义及它们之间的关系。这可能会有助于我们更深刻地理解和把握"阳光育人、多元发展"这一教育命题。

第一，阳光是光明的。我们现在的教育有时不光明。不光明包括我们学校办学行为的不光明，遮遮掩掩。省教育厅规定不能加班补课，有时学校私下里还要做一些小动作。所谓不阳光的就是黑暗的，黑暗表现在我们的教师早上六点上班晚上九点下班，一天工作十五个小时，起早摸黑，看不见阳光，至少工作时间以外是看不见阳光的，这就是一个现实。所以我们对光明的追求要求我们所有的办学行为是经得起检验的，不仅经得起行政部门的检验，也经得起历史的检验。

除了刚才讲的以外，我们理解"阳光的"就是积极向上的。它要求我们培养的学生具有积极向上的心态，对社

卓越校长的追求

> 扭曲的教育养成孩子扭曲的性格，最终给他们的是扭曲的人生。

会、对人生有一个正面理解、有个正面态度，而不是负面地看待人生，消极地对待人生。你负面地看待人生，一定有一个负面的人生。扭曲的教育养成孩子扭曲的性格，最终给他们的是扭曲的人生，事情就这么简单。这是我的第一个解释：所谓阳光的，首先是光明的。

第二，阳光是温暖的。我们这次来到郑州感到十分温暖，除了郑州市教育局，郑州外国语学校对论坛作了十分精心的安排外，外面充满阳光，温度非常宜人，也使我们从内心感到温暖。

> 对于学校来说，所谓温暖、阳光的教育，一定是充满爱心的，使人能够感受到温馨的，由此，师生们才有可能感受到温暖。

对于学校来说，所谓温暖、阳光的教育，一定是充满爱心的，使人能够感受到温馨的，由此，师生们才有可能感受到温暖。当我们感到寒冷的时候我们就会去寻求阳光，希望在阳光下享受温暖。没有人会在饥寒的时候去躲避阳光，去寻找一个阴霾的天气，我相信这是不可能的事情。这是阳光的第二个含义，阳光的一定是温暖的。

第三，阳光是多彩的。这一点非常重要，是"阳光"与"多元"的一个桥梁。什么是多彩的呢？赤橙黄绿青蓝紫，这就是阳光。阳光是多种色彩的组合，在这样的基础上，我想引申出两句话：第一句话，学校要把多彩当作本色，它不是张扬的，不是炫目的。我们看到的阳光，如果是炫目的，是七彩缤纷的，你就不能正常视物，所以要把多彩当作本色。第二句话，本色的是多彩的，所以才有可能在日常教育中使我们的学校充满光明，充满阳光，这就回到了多元发展，多元发展的教育正是阳光的教育。

没有"多元发展"，就不可能有阳光的教育。因为每个人就其智能，就其兴趣，就其爱好而言，总有自己的强项，总有自己的追求，总有自己的个性。所以在这个意义上，我认为"阳光育人、多元发展"是一个综合的整体。这在马玉芬校长报告的字里行间当中，都作了很好的解释，作了深刻的论述。这对我们提升办学理念，提升办学水平都有相当重要的意义。所以它不仅仅是一个实践的探索，也有相当重要的理论价值。当然实践探索是我们形成思想的一个基础，在实践探索上马玉芬校长确实是有独到见解的。她的这一见解对我们的各位校长、包括我们高中的校长都有很重要的启示意义。

　　正是在这一意义上，我们说，要帮助学生形成一个多彩的人生，就要帮助他们寻求、产生或者说制造、创造不同的希望，不同的梦想，不同的人生价值取向。因而就呼唤我们学校要有不同的教育，不同的教学和人才培养模式；呼唤我们学校有更加丰富、更加多彩的管理制度和管理举措。这就是"阳光教育、多元发展"给我们的思想启迪。一个报告有时候在语言上朴实无华，但其背后的思想十分深刻，为此，在听一个报告时，把握报告人背后的思想至关重要。这是我谈的第一个方面，对"阳光育人、多元发展"这个教育命题的一个理解。

二、"阳光育人、多元发展"的教育举措

　　"阳光育人、多元发展"的教育其教育举措有什么特点呢？学生通常期盼学校多给他们一点阳光。这是我们的孩子自己喊出的声音：请校长给我一点阳光，我一定还你

一片灿烂。我们的孩子都有这样一种心声。各位校长你们听见学生的呼唤,听见学生的心声了吗?我们校长听见了,教师听见了没有?怎样使我们的教师能倾听学生、能够听到发自学生内心的这种心声呢?这是我们做校长的一个重要任务。我相信在座的90%的校长都明白、都理解孩子们的这个心声:请给我一点阳光,我会还学校一片灿烂,还人生一片灿烂。为什么我们作为教育工作者就吝惜那么一点点阳光?给学生一抹阳光能够除去他们人生道路上的一点阴霾,学生们会用灿烂的明天来回报社会、回报国家。这不就是我们的教育追求吗?除了这个追求外,我们教育工作者还想干什么?所以在这个意义上,我们教育工作者要努力把握住如何使得我们的教育更加阳光的问题。通过阳光育人培养更为阳光的人才,通过多元发展培养学生,发展学生多元的智能。

刚才马玉芬校长提到了上海市建平中学原校长冯恩洪,冯恩洪校长有一段名言对我们很有启示。他说:不少人有一种行为习惯,叫"哪壶不开提哪壶",就是人家的短处在哪里就把人家的短处揪出来。这个是生活当中存在的现实。作为教育工作者我们要反其道而行之,"哪壶先开提哪壶",提出来的都是滚烫滚烫的热水。所以从"哪壶不开提哪壶"到"哪壶先开提哪壶",这是一种教育思想的转变。这也是促成"教育让学生从成功走向成功"的转变。我认为,对教育而言,"失败是成功之母"这句话在大多数情况下是不成立的。当然,从成功走向成功,在社会生活中也不是完全现实的。教育就是教育,教育应当

> 作为教育工作者我们要反其道而行之,"哪壶先开提哪壶",提出来的都是滚烫滚烫的热水。

2 阳光本是七色的

鼓励这样一种思维：让学生从成功走向成功，但是也要准备让学生经历一些挫折。学生生活在学校中，也生活在社会中。社会不像我们学校那样风平浪静，你期待着社会生活也像我们学校一样：有教师的精心呵护，有校长的精心呵护，不可能！所以从这个意义上，学校教育要使学生"从成功走向成功"，但也要让学生有充分的思想准备，人生未必永远成功，人生不能保证你这个成功一定走向下一个成功。

> 让学生从成功走向成功，但是也要准备让学生经历一些挫折。学生生活在学校中，也生活在社会中。

学生，生活在社会中，正在走向一个更为广阔社会的过程中，正在从自然人转化为社会人的过程中，他们需要我们教师、校长的精心呵护，学校需要正确地把握好和处理好这样的关系。为此，我们呼吁学校要给学生更多的希望，呼唤教育让学生有更多的梦想。我们希望学生是勤奋的，但不希望学生是起早贪黑的；我们希望每个孩子能有幸福的明天，但不希望他们今天的生活由此而痛苦不堪。这需要学校把"阳光育人"和"多元发展"结合起来。这是我想谈的第二个方面。阳光育人和多元发展的教育举措，这在我们马玉芬校长的报告中有很多能特别引起我们关注的地方。

三、"阳光育人、多元发展"的闪光之处

马玉芬校长的"阳光育人、多元发展"有着诸多闪光之处，从教师队伍的建设到评价制度等各个方面，我认为都有一些令我们耳目一新的教育命题，有一些对我们非常有启示的观点。由于时间关系不展开讲了。每个人读她文

章的时候我相信感受都是不同的，因为我们每个人的知识的储备，教育的经验和所处的地位，以及所处的场景各不一样，会有不同的理解。你说这个是亮点，未必别人认可，你没认可的未必别人不认可，鉴于这个原因，我就不展开讲了。

四、关于"教育家论坛"

到今天为止，"全国优秀校长教育家思想研讨会"从长春到郑州，从李桢校长开始"走向教育的自觉"到马玉芬校长的"阳光育人、多元发展"，迈出了一个不说是万里长征吧，也是千里长征。在吉林省教育厅、东北师大附中、河南省教育厅和郑州外国语学校的大力支持和帮助之下，"人民教育家论坛"取得了圆满的成功。我认为：从长春这一站到郑州这一站，体现了与时俱进，体现了论坛的不断发展与不断提升。大家总体的一个感觉就是：我们的论坛越到后面"坛主"的思想越深刻，越到后面我们准备得越充分，越到后面我们的学生、校友和家长他们对学校的感情越真挚，演说都更加感人。所以我们感到非常欣慰。我们充分相信在教育部的领导下，"人民教育家论坛"，作为"全国优秀中学校长高级研修班"的一个阶段性成果汇报会会越办越好。

总结这次"人民教育家论坛"，我认为至少有三方面的收获：

第一，强化了教育的责任担当。所谓"教育的自觉"首先是对教育责任的自觉。作为一个校长，我们担当的是

> 所谓"教育的自觉"首先是对教育责任的自觉。

2　阳光本是七色的

对学生的责任。我们应当自觉地意识到：我们对社会、对国家承担的责任，对学生、对他们的家庭承担的责任，这就是责任的担当。教育不是空洞的，教育是花费巨大的社会资源的。因此社会有权利问我们教育工作者：你们做了什么？你们给社会以什么回报？当然我们都看到：教育确实促进了孩子的发展。教育使每个家庭更加温暖、更加幸福，教育提升了国家的人力资源，教育促进了整个民族的复兴，这个我们都可以这样说。

但事实上我们知道，并不是所有的教育都担当得起这个责任的。有一些教育它没有促进学生的发展，前面我们曾经探讨过这个问题。昨天李涵校长的报告提到，我们有些学校、有些校长，有些老师给学生的是一种"善意的摧残"，学生在学校中承受着巨大的痛苦。通过学生感情的传递，学生的家长也从来没

为灾后教育重建项目合作学校上海市七宝中学授牌

为灾后教育重建项目合作学校上海市控江中学授牌

有体会到教育的愉悦。今天我们看到：新乡十中的家长感到非常愉悦，真的感到很幸福，因为她的孩子进了新乡十中这所学校。是不是所有的学校都是这样？不会！可能这句话的言辞过了一点。事实上，在我们的学校，不少学生体会不到幸福，不少学生承受着学习的痛苦，因而学生家长也感到不幸福。所以我们要研究学校承担的教育使命，先要研究我们教育自身的症结，这是至关重要的一点。

我们把长春和郑州的这两个研讨会的主题确定为"走向教育自觉"，首先就是走向责任的自觉，使命的自觉。我们的九位"坛主"在论文的选题方面都有很强的意识。当然校长对责任的自觉，责任的"担当"是最为重要的，但仅仅限于我们校长还是远远不够的，我第三次重复这个概念了，叫"二次传递"。这是东北师大附中李桢校长提出来的。"二次传递"即：校长要把"教育的自觉"传递给我们的老师，教师也要把对"教育的自觉"传递给学生。教育究竟是干什么的？为什么要教育？教育应该如何做？两个研讨会从不同角度回答了这一问题，我认为这是研讨会非常成功的地方。

第二，分享了教育的智慧。这次论坛各位校长分享了其他校长的教育智慧，论坛是我国中学校长教育智慧交流的一个大会。我们的九位"坛主"从不同的角度谈了对怎么办好教育的理解。今天上午陈仕学校长谈了"让教师成为最幸福的人"，换了一个非常有意义的角度，我认为是一个很有智慧的见解。我们本次论坛的九位校长，从不同角度都提出了一些很有独特性的、很独到的见解，对提升

2 阳光本是七色的

学校的教育和管理水平，我相信会有很重要的意义。

第三，探讨了当前的教育问题。我们不否认当前的教育还存在很多的问题，功利的、浮躁的、追求眼前利益的。这些问题有些是来自政府的，有些是来自社会的，有些是来自家庭的，有些是来自我们学校自身的。这些问题困扰着我们的教育，使我们的教育举步维艰。有些校长说我只能做学校内部的事情，学校外边的事情我无能为力。这个是不错的，我一直说：解决我们解决不了的问题，那不是明智的做法。

但是校长作为社会中的一员，可以通过我们自身的努力去影响社会，这是可能的。现在都讲互动，在互动过程中，学校和社会、学校和政府、学校和家庭，当然学校和学生之间更容易产生互动。在互动中可以使我们存在的问题得到最大程度的克服，这是解决问题的一个重要途径，对于问题的理解才使我们找到正确的解决问题的途径。这是论坛第三个重要的收获。

论坛取得了圆满成功，大家都得到了很多收获，在会议即将闭幕之际，请允许我代表教育部中学校长培训中心，允许我代表与会的350名校长，对东北师大附中李桢校长及其班子成员为我们在长春这一站所做出的富有专业性的、极高热情的、很有成效的会议服务工作表示衷心的感谢！对郑州外国语学校精心设计、认真安排、非常富有成效的工作和为会议做出的各项努力表示衷心的感谢。借这个机会也向我们的主办方之一：吉林省教育厅、河南省教育厅致以衷心的感谢。

感谢各位与会的代表：全国第一期优秀中学校长高研班的成员，全国第二期优秀中学校长高研班的成员，感谢长三角名校长高级研修班所有与会的成员，感谢全国高中校长研修班第35—40期各班的代表，感谢全国初中校长高级研修班第15—17期的各位代表，校长中心永远和大家心心相印，以后将创造各种机会为大家提供后续的服务，也希望各种活动能继续得到各位学员的大力支持。

最后对长春和郑州两站九位"坛主"成功的讲演，成功的思想的展示表示衷心的祝贺！也希望九位"坛主"能进一步整理好自己的思想，能引领当地，乃至全国教育的发展。

谢谢各位！

3

每个孩子都是有价值的*

尊敬的谭学颖校长和各位校长：

听了谭学颖校长的讲演，我们收获良多。和昨天略有不同的是：东北师大附中、东北育才学校，他们招收的可能是整个人群中智商最高的学生，至少是人群中前15%—20%的学生。谭学颖校长来自初中，初中不同于高中，当前我国初中教育面临的挑战更为严峻。严峻在哪里？初中学生个体差距几乎覆盖着整个社会人群的差距，它的差异是整个社会人群的差异。在义务教育均衡发展的背景下，面对着各不相同、个体差异很大的学生，要培养出高素质的人才，当然要面临新的挑战。我们相信，与东北师大附中、东北育才学校不同，沈阳虹桥中学的经验会给我们从另外角度去理解教育的意义，理解教育的价值。

---

* 本文是在谭学颖教育思想研讨会上的点评。谭学颖，女，辽宁省沈阳市虹桥初级中学校长，曾获"沈阳市优秀校长"等荣誉称号。她教育讲演的题目是："每个孩子都是有价值的"，载《教育：从自发走向自觉》，华东师范大学出版社，2012年版。

卓越校长的追求

首先,我想谈的是谭学颖校长讲演的命题价值,也就是说"每个孩子都是有价值的"教育理念的价值在哪里?这是非常重要的命题。所谓命题的价值需要把它放在社会发展的大背景下去理解。中国社会面临的问题是什么?我们面临的挑战,从社会层面上来说,非常棘手的一个问题就是:阶层固化。什么是阶层固化呢?有钱的家庭,其父母通过购买优质教育,使他们的孩子能享受优质教育,从而在未来社会的竞争中占据更有利的地位,更容易获得较高的社会地位,变得更加有钱。有权的家庭通过权力的应用会使他们儿子或女儿占有更多、更优质的教育资源,变得更加有权,这就叫阶层固化。阶层固化对我们共产党的追求来说是一个严峻的挑战;阶层固化对社会稳定来说是一个严峻的挑战。这个问题不解决,我们共产党还能干什么?这个问题不解决共产党政权还能够稳固?所以,从这个层面上来讲,在我国义务教育阶段,强调区域教育的均衡发展是具有重要社会意义的命题。谭学颖校长提到的这个命题具有非常重要的社会意义与政治意义,我们可以也应当从政治层面上去理解它的价值。

在我国义务教育阶段,强调区域教育的均衡发展是具有重要社会意义的命题。

谭学颖校长(右二)在高研班学习

此外,中国经济30年高速发展,"中国模式"为什么能够成功?改革开放是个重要的原因。但与此同时,可以肯定地说人口众多也是个重要的因素。中国有着巨

3 每个孩子都是有价值的

大的人口优势,然而随着"一个家庭,一个孩子"计划生育政策的实施,我国的人口优势将不复存在。再过二三十年,印度的人口总数会超过中国。中国已经或者更准确地说,很快将进入一个未富先老的社会。所以把人口大国转化为人力资源强国,这是中国未来经济发展,中国迈向繁荣富强国家的唯一出路。

所以人们提出一个"二次红利"的概念。什么是二次红利呢?人还是这样的人,但是素质提高了。现在许多企业为什么不愿意到印度投资,不愿意到越南投资?据我所知,在越南河内一个劳动力每月工资平均700元,而在北京最低工资是1200多元,而且还面临最低工资不断提高的压力。在这种情况下,人家为什么还要到你这里来投资?原因当然很多,但不可否认的是:中国人口素质高。这一事实告诉我们,为促进经济的发展,进一步提高劳动者的素质具有重要的意义。劳动者的素质提高了就使得同样的人能创造出更多的财富,这就是二次红利。依靠这个二次红利,中国能在持续稳定三十年高速发展后,还有再次的三十年高速发展。所以在这个意义上,相信每个孩子都是有价值,这是怎样理解都不过分的命题。

第二,我想谈谈一元价值和多元价值的关系。每个孩子都是有价值的,是讲他作为"人"的价值,生命存在的价值,这是最基本的。但成为一个什么样的人,是不一样的。拔尖创新人才是一种价值,高级专门人才是另一种价值,高素质劳动者也有他特殊的价值。社会对人才的多样性需求决定了价值的多样性,这是社会的客观需要。人是

> 所以把人口大国转化为人力资源强国,这是中国未来经济发展,中国迈向繁荣富强国家的唯一出路。

卓越校长的追求

教育能够满足社会多样化的需要，实现每个孩子各不一样的理想，这就是教育终极的价值。

有差异的，所以国家需要教育培养一大批拔尖人才，数以千万计的专门人才，数以亿计的高素质劳动者。对个体来说，每个人的兴趣、爱好与特长也各不一样。教育能够满足社会多样化的需要，实现每个孩子各不一样的理想，这就是教育终极的价值。谭学颖校长对此有非常深刻的认识，虹桥中学的校友，她陶醉在健美房，陶醉在运动场，从这里感受到自己的价值，感受到自己成功所在，所以她才能够那么阳光、那么自信，才能够对自己未来的生活充满憧憬、充满梦想。刚才那个小男孩很阳光，很自信，那么阳光的孩子，他们将来一定能够为我们的国家、社会、家庭作出卓越的贡献。那么优秀的小男孩给我们的启示是：让教育阳光一点，再阳光一点。在这里，我想特别强

2005年考察韩国教员大学附中

3 每个孩子都是有价值的

调的是：相信每个人都是有价值的，这个价值一定是多元的。

第三，教育要尊重孩子，学校要值得孩子留恋。在谭校长的文稿中有很多案例。这些教育案例有一个共同的特征，就是对孩子的尊重，不管这个孩子在今天看起来有多少问题，甚至不可救药。在谭学颖校长的讲演当中，我们深刻地感受到，她很善于发现每个学生的长处，善于发现每个学生的优点，进而促进学生的发展。这给了我们非常有意义的启示。

> 这些教育案例有一个共同的特征，就是对孩子的尊重，不管这个孩子在今天看起来有多少问题，甚至不可救药。

教育要关注学生的理想，注重学生人格的完善。通过学生人格的完善，引领学生智慧的发展。人格完善本身就是我们重要的教育目标之一，同时，完善学生的人格也是一种教育手段。学生人格的完善有助于提升他们的学习动机，有助于他们养成良好的学习习惯，有助于形成良好的学习氛围。学生有了理想，有了属于自己的梦，就一定能带动学习成绩的提高。所以，我建议各位校长，即使你就是只关注学生智慧，只关注学生成绩，为了达到这一目标你也要关注学生的人格。何况人格的完善也是我们重要的教育目标。

完善学生的人格就要努力提升学生的自信。学校要学会充分地尊重学生。尊重是人的基本需要，更是孩子成长的需要。学校不尊重孩子，孩子一定会自暴自弃。学校要成为孩子的精神家园，成为最值得孩子留恋的地方。不管是在求学期间，还是毕业以后，孩子都有到学校看看的冲动，这个学校就是成功的学校！学校成功的标志是什么？

> 学校成功的标志是什么？那就是它真正成了孩子永远留恋的地方。

那就是它真正成了孩子永远留恋的地方。谭学颖校长是成功的，沈阳虹桥中学是成功的，因为，它让孩子们留恋！初中在学生的人生当中具有里程碑的意义，多少年后，如果学生还会想再回到这里重温昨天的记忆，昨天的生活，这才是学校成功的最终标志。

　　谭校长刚才说，发现别人的缺点容易，发现别人的优点不容易。这可能是指社会上某些人的行为方式。其实，在我看来，谭校长是很善于发现学生优点的，甚至善于发现学生在别人看来不是优点的优点，这是她能赢得孩子信任的关键。在我看来，一个善良的人，一个具有宽容心的人，一定是一个发现别人的优点容易，找别人缺点不容易的人。在我眼里，我们各位校长都是智慧的，各位校长在学校的管理和教育上都是尽心尽责的，所以才会有我们中国教育健康的发展，才会有中国教育更加辉煌的明天。"全国优秀中学校长高级研究班教育思想研讨会"就是不断发现每个校长的优势，发现每个校长的长处，发现每个校长思想精华的过程。这个过程让我们陶醉，这个过程让我们愉悦，这个过程让我们享受。希望各位继续享受今天下午和明天上午更精彩的报告。

　　谢谢大家！

培养有灵魂的中国人[*]

尊敬的毛杰校长与各位同仁：

毛校长今天的报告给我留下一个非常深刻的印象。在此之前，毛校长的论文我是反复看了多遍，我以为毛校长回答了一个非常重要的教育问题：教育为什么？教育培养什么人？我认为对这个问题的追问是永无止境的。作为一个教育工作者，作为一个有理想的教育工作者，作为一个教育家型的教育工作者，当然要给出这个问题的答案。所以，在编这套《"人民教育家论坛"文库》的时候，我的第一段话就是："这是一部扎根于中国大地的'草根'教育学，作者是一批奋战在一线的现任中学校长。为不断完

---

[*] 本文是在毛杰教育思想研讨会上的点评。毛杰，女，教育学硕士，郑州外国语学校校长，郑州市教育局局长，第十一届全国人大代表，曾获全国优秀教育工作者、全国劳模等称号，享受国务院特殊津贴。她教育讲演的题目是："本土情怀与国际视野"，载《教育：为了生命的幸福成长》，华东师范大学出版社，2012年版。

卓越校长的追求

善中国的教育,他们一直在苦苦地思索着'教育是什么'、'教育为什么'以及'怎样才能办出真正的教育'。中国社会正处在转型期,中国教育正面临着前所未有的挑战。社会也急需中国教育工作者对这些问题给出与时代发展相吻合的答案。"* 今天下午毛杰校长回答了"教育为什么"、"教育要培养什么人"这个问题,这是教育最根本的问题。

所谓"本土情怀与国际视野"是我们培养人的一种要求,一种思想的要求,一种境界的要求,当然还有能力的要求和知识的要求。我想回过来说,从毛校长所谈论的本

毛杰(前排右四)在2010年中外名校长论坛

---

* 陈玉琨主编:《"人民教育家论坛"文库·总序》,华东师范大学出版社,2012年版,第1页。

4 培养有灵魂的中国人

土情怀和国际视野,至少值得我们校长去深思三个问题,我以为这三个问题毛校长都给出了一定的答案。

第一,中国的教育要培养有灵魂的中国人。首先你是中国人,是有灵性的,有灵魂的。当我讲这句话的时候,我想与大家一起回顾一下我国教育国际交流的历史,这段历史昭示着一个不可回避的重要问题。大家知道,从1847年容闳留美到"文革"之前,中国前后派出了6批留学生,第一批留美,第二批留欧,第三批留日,第四批留美,第五批留法,后面还有留苏,总共6批。这6批留学生对中国当时的社会发展产生了巨大的影响。正是因为有了第三批的留日学生,才引发了辛亥革命。清政府把他们送出去,然而,恰恰是他们成为清王朝的掘墓人。孙中山1905年在东京成立了同盟会,这一批留日的骨干,包括宋教仁、廖仲恺、黄兴、胡汉民等,正是因为这批留日学生的运动,清政府为自己造就了一批"掘墓人"。当然,以后的留法、留苏的学生中涌现了一批中国共产党的骨干。在这个意义,当教育交流不断扩大的时候,我们能不能为中国未来社会的发展造就一批能坚守自己的情操,能够为民族发展有高度责任感的人才是至关重要的,如果我们共产党人对这个问题没有清醒的认识,很可能今天我们送出去的学生,培养的学生,今天郑州外国语学校的学生或者上海外国语学校的学生会成为共产党的掘墓人。作为共产党人,作为教育工作者,如果我们不能清醒地意识到这个问题并且清楚地作出我们的回答,我以为那是非常可悲的。这样的校长,我以为和教育家型校长是相去甚远的。

毛杰校长对这个问题有非常清醒的认识。她说："面对当今中学生更容易被世界强势文化所左右的现状，面对我国优秀人才外流现象严重的现实，从中学阶段培养和强化学生的国家责任意识和深厚的民族情结更为重要，本土情怀下的国际视野才是我们人才培养之本。"我以为，这是一个有自觉的教育家，是一个对自己承担的民族义务和责任有清醒认识的教育家。刚才一个高二的学生，她就能够把握住当代社会一个纷繁复杂的情况，自己作为一个学生应该承担什么，未来为中华民族腾飞又该做什么。我以为如果没有把对教育的自觉认识转化成为教育的行为，这个教育的结果是不可能产生的。教育是有目的、有计划的，不是随意的。《"人民教育家论坛"文库》其中一本的书名叫做《教育：从自发走向自觉》。教育，从自发走向自觉就要求教育工作者从对教育自发的认识走向清醒自觉的认识。这个清醒自觉的认识首先是，我们要培养有灵魂的、有社会责任感的中国人。

第二，教育除了要服务于国家之外，还要造就一个有尊严的中国人。每个人要有尊严地生活，懂得自己在未来的社会中究竟怎么发展，怎么能健康生活。刚才王俭讲到了历史发展和逻辑发展的关系，其中很重要一条就是郑州外国语学校是从外语见长发展到外语突出、文理兼通、全面发展的。外语只是个工具。斯大林在1950年有一本重要专著叫《马克思主义和语言学问题》，他说："语言不是某一个阶级所创造的，而是整个社会各阶级世世代代的努力所创造的。语言创造出来不是为了满足某一个阶级的需

4 培养有灵魂的中国人

要,而是为了满足整个社会的需要,满足社会各阶级的需要。正因为如此,创造出来的语言是全民的语言,对社会是统一的,对社会全体成员是共同的。……这也就说明,语言可以一视同仁地既为旧的衰亡的制度服务,也为新的上升的制度服务;既为旧基础服务,也为新基础服务;既为剥削者服务,也为被剥削者服务。"马克思和恩格斯给语言下了一个定义,说它是"思想的直接现实"。马克思强调:"没有语言材料,没有语言的自然物质的赤裸裸的思想是不存在的。"这就是说:语言是重要的。但是,语言是且只是思想的直接实现而已,它是思维的工具。它"既为剥削者服务,也为被剥削者服务"。也就是说,学校给学生提供外语的工具,如果没有以思想作为内核,语言作为工具的作用可以是积极的,也很可能是消极的。只重视语言而不重视思想,这样的教育很可能是有偏差的教育,因而,学校不能只教会学生掌握语言这个工具。可能在座各位校长都知道,前两年,北京的"天上人间"被端掉,在端掉之前,在那里坐台的都是高学历者,很多都是外语类的院校和影视、艺术类院校在读的学生,我们培养的学生外语能力很强,和老外交流很溜,结果做了什么事呢?这样的学生,是我们教育工作者愿意培养的吗?所以,我们要培养文理兼通、全面发展的人,当然,外语学校是需要外语突出的。

郑州外国语学校的经验,不仅对外语学校,而且对所有的高中、初中、小学都适用。培养有灵魂的、有社会责任感的、有尊严的人,要成为所有教育工作者的追求。

> 只重视语言而不重视思想,这样的教育很可能是有偏差的教育,因而,学校不能只教会学生掌握语言这个工具。

2008年7月在四川灾区学校考察

第三，要培养具有从容应对国际变化能力的中国人。如果没有从容应对国际变化的能力，学校仅仅给你一套理念，一套思想，一套价值追求，这当然很重要，但显然还是远远不够的。学校也要让学生在思维、在知识、在技能各个方面得到全面的提升，使他们有这样的能力担当其社会的责任。如果没有这样的能力的话，所谓有灵魂的、所谓有责任担当的、所谓有尊严的，都很难实现。对此，郑州外国语学校的课程设置紧紧围绕这个目标做了很多的探索，这是很有意义和价值的，这是很值得我们学校去认真思考和研究的。

我们都讲到全球化，经济全球化，文化全球化。大家知道，近年以来，世界各主要国家掀起了一股反全球化的浪潮。全球化本来是欧美国家试图把发展中国家圈进去，给你设套的，试图用他的价值观来征服你的价值观。现在回过头来看，在全球化的发展中，发展中国家没有被圈进去，而是美国把自己给圈昏了。所以，今年伦敦的骚乱，以及横扫整个欧洲的反全球化运动就是明显的表现。美国最近也要挑起一场所谓以汇率为把手的贸易战，搞贸易保护其实也是反全球化，反经济全球化。美国本来想通过全球化征服其他国家，结果自己一不小心被全球化打倒了。所以，现在美国要反全球化。

对此，要应对复杂的国际局势，我们要有理念，我们

4 培养有灵魂的中国人

要有决心，我们要有清醒的认识，当然，与此同时，我们要有自己的能力。如果不是我们30年的发展，积累了一点家底，今天在和美国的抗衡中，我们腰杆能挺得那么直吗？我们有这样的资本，这样的能力，所以，我们才敢说这样的话。在这个过程中，不断提升我们应对国际复杂事务的能力至关重要。刚才郑州外国语学校的校友和学生代表都谈到了这个问题，这是非常值得欣喜的。在这个意义上，本土情怀和国际视野，不仅仅是外国语学校，也是我们所有学校都要考虑的重要问题。外语突出、文理兼通、全面发展既是郑外的特色，其实也是具有普适价值的办学指向。

我认为今天下午毛杰这场报告直指了教育的核心问题：教育为什么？教育培养什么人？这是所有的校长都需要认真思考的问题，我们期待着各位校长能在今天的报告中汲取养料，为我们各所学校人才培养目标的确定提供借鉴，在此基础上，能够制定出反映社会发展需要、能够和社会发展相吻合的培养目标，为中华民族明天的腾飞，为每一个学生的健康发展、健康成长而做出我们教育工作者的努力，无愧于中华人民共和国人民教师，无愧于我们这个时代教育工作者伟大的称号，当然，我们更期待着在这个过程中能出一大批教育家，教育的思想家，更重要的是教育的实践家。

谢谢大家！

5

为领袖人才奠基*

尊敬的王殿军校长与各位同仁：

今天是"人民教育家论坛·全国优秀中学校长教育思想研讨会"的首场报告会，王殿军的报告使我们非常感动。他说："教育是什么，教育为什么，教育工作者的使命在哪里？只有搞清这些问题，我们工作的目标、价值和意义才能更明确。……学校的使命是如此重要，它直指学校的存在理由与价值追求；使命是校园的灵魂，它让每一个前行的人听到有力的召唤、看到光明的指引。"糊涂的校长办糊涂的教育，自觉的校长办自觉的教育。一位中学校长对教育有如此深刻的认识，难能可贵，这是中国教育的前途所在。

> 糊涂的校长办糊涂的教育，自觉的校长办自觉的教育。

---

* 本文是在王殿军教育思想研讨会上的点评。王殿军，男，清华大学附属中学校长，清华大学数学系教授，博士生导师。他教育讲演的题目是："面向全体，全面培养领袖才能——清华附中的教育使命"，载《教育：培育美好人性》，华东师范大学出版社，2012年版。

5 为领袖人才奠基

下面我结合王殿军校长的报告，谈一些自己的认识。

第一，素质教育是"为了一切学生"的教育，但不是"一刀切"的教育。无疑，王殿军校长的报告是带上清华附中烙印的，为一大批领袖人才奠基，应当是清华附中这样的名校义不容辞的责任。我国高中一直承担着两大职能：其一，为高等学校输送合格的生源；其二，为社会培养高素质的劳动者。在这两大职能中，高中忽视任一职能都是有问题的。当然，对于一所特定的高中来说，主要满足其中的某项职能，这是可以理解的。"没有特色就没有优势"，从自己的历史传统、生源特点等方面出发，科学地确定学校的培养目标，这是办出一流学校的根本。从这点上来说，清华附中的办学是特殊的，是从清华附中这一特定的学校出发的。但是，尊重学生的差异，让每个学生的潜能得到最充分的发挥，这是所有学校都应当承担的社会责任。这一思想又是普适的。理解这一点，对我们办好每一所学校都有重要指导意义。

> 素质教育是"为了一切学生"的教育，但不是"一刀切"的教育。

第二，素质教育是"为了学生一切"的教育，但不是"包办学生一切"的教育。学生，尤其是清华附中这样学校的学生，是有着巨大潜力的，只要我们学校为他们的成长创造恰当的条件，他们的潜能就能得到极大的发

王殿军校长（右）在苏州清华科技园

卓越校长的追求

"为领袖人才奠基",首先要奠的是他们主动发展之基。

展。"为领袖人才奠基",首先要奠的是他们主动发展之基。刚才王殿军校长介绍了他们学校人才培养的做法,这些做法是有效的,是成功的,就是他们抓住了这一根本。

有些学校嘴上也说注重学生主动发展。但是,他们更关心的是学生的升学率,尤其是进入名牌大学的升学率,因而,今天他们担心学生这门学科的知识还不扎实,明天担心学生那门学科的技能还掌握得还不牢固,因此,学校今天要补课,明天要加班。在学校的"一片苦心"之下,学生疲于奔命,学习毫无主动性可言,哪里还谈得上主动发展?"为了学生一切",事实上成了"包办学生一切"。尽管,有时候由于这些举措,这个学校的升学率可能会有些许的提高,但是,可以肯定地说,这些学生是成不了未来社会领军人才的。离开了学校,离开了教师,他们不知道究竟应当如何安排自己的生活,自己的学习,更不知道如何安排自己的未来。在大学中,我们经常可以看到一些学生,他们根本不知道那么多课余时间应当如何安排,因为他们在中学已经习惯了"被安排"自己所有的时间,所有的活动。这样的学生能引领未来社会吗?

2005年在韩国

2005年在韩国考察高中课堂

5 为领袖人才奠基

我相信,由王殿军校长和他们团队所创造的经验,以及在他们对教育的理解基础上形成的一些人才培养的做法、途径和手段,对提升所有学生的领导才能,都有非常重要的意义,是很值得大家借鉴的。

第三,素质教育是"以学生发展为本"的教育,同时更是"为社会主义现代化建设服务"的教育。王殿军校长的思想具有时代性和针对性,所谓时代性,就在于中国发展到今天,面临着从人口大国转向人力资源大国,再走向人力资源强国这条道路上,需要有一大批拔尖的创新人才、高端领袖型人才。我们现在所谓的示范性高中,都面临着这样的压力,好像现在讲"教育公平"、"教育均衡"就不能讲创新人才、拔尖人才、高端人才的培养。确实,这是一个很大的误解。在这个问题上,王殿军校长做了一些非常有意义的探索,他正确把握住"教育公平"和"英才培养"的关系,我认为这个关系的把握是非常准确的。王校长直接指出了人们现在认识上的一些误区,因此,他的这些观点可能会带来一些人的议论,但我认为这些议论恰恰是我们明天能放开手脚,明天能继续进步,明天能办更好学校的起点。如果我们的思想都是平庸的,如果我们的思想都是遮遮掩掩的,都是像鹅卵石一样磨平的,没有棱角的,那么这样的研讨会不开也罢。我们希望它能够深刻地反映我们教育,反映我们学校所面临的一些深层次的问题,尽管这些问题可能会有不同的声音,但是正因为有不同的声音,才会有思想的进步,才会有教育思想的发展。

谢谢大家!

> 我们希望它能够深刻地反映我们教育,反映我们学校所面临的一些深层次的问题,尽管这些问题可能会有不同的声音,但是正因为有不同的声音,才会有思想的进步,才会有教育思想的发展。

本篇附录

中国教育：质量与平等

Quality And Equality, The Education In China

在国际校长联盟大会上的主旨讲演，
多伦多，加拿大，2011年8月

一、从绝对贫困走向相对贫困——新时期中国基础教育的新问题

在20世纪80—90年代，中国教育，尤其是基础教育处在绝对贫困的年代，其标志是在全国各地区大量危房存在于校园之中，教师工资不能得到按时足额发放，教育经费严重拮据。

随着中国经济的发展与政府对教育的高度重视，21世纪以来，中国教育经费严重不足的情况得到一定程度的缓解，走进了一个相对贫困的时代。

所谓相对贫困包括：

1. 与公务员相比，教师工资待遇严重偏低。据《中国劳动统计年鉴》，2006年全中国普通小学教职工人均工资收入比2002年增长了58.2%，普通中学增长了63.2%。但从总体上看，义务教育学校教师工资收入水平依然偏低。据教育部日前发布的2008年《国家教育督导报告》披露，

中国教育：质量与平等

与华东师范大学校长俞立中、陈群交谈

2006年全国有273个县（占区县总数的8.5%）的小学教职工和210个县（占6.5%）的初中教职工人均年工资收入低于1.2万元，人均月工资收入不足1000元。其中河南、陕西、山东尤为突出，小学教职工人均月工资收入低于1000元的县占本省县数的比例分别为34.1%、21.2%和18.2%；初中分别为25%、20.7%和18%。《报告》还表明，2006年全国普通小学、普通中学（包括初中与高中）教职工年均工资收入为17729元和20979元，分别比国家机关职工年均工资收入低5198元和1948元。仅以2008年为衡量标准，当时教师工资普遍很低，大专、本科学历的刚入职教师工资只有800到900多元，教龄40年的小学教师的工资也仅仅是不到1500元，而刚入职的公务员的工资最低就是1900元，收入差距之大可想而知。

教师工资收入水平低，是造成农村尤其是边远地区教师队伍不稳定，难以吸引优秀人才从教的主要原因。

2. 城乡之间的差异。在中国城乡之间经济状况有着极大的差异，除了教师工资之外，学校之间的办学条件也有天壤之别。在北京、上海与广州等发达城市，人们很容易找到一些超豪华的学校，但同时在农村地区，不少学校连基本办学条件也难以保证。

3. 东西部差异巨大。中国基础教育实行地方负责的体制。由于各地经济发展水平的差异，中国各地教育投入严重不均衡，东西部教育投入差异极大。

二、国家战略——"两基"攻坚与西部基础教育的发展

"基本普及九年义务教育"、"基本扫除青壮年文盲"（"两基"）在中国主要困难在西部、在农村。21世纪以来，国家《西部地区"两基"攻坚计划（2004—2007年）》是我国普及义务教育进程中的一件大事，是全面提高国民素质，缩小东西部差距，促进当地经济发展和社会进步的一项重大举措。

为实施《计划》，中央投入100亿元专项资金，采取集中投入、分步实施的原则，从2004年开始到2007年，用四年时间帮助西部地区尚未实现"两基"的372个县（市、区）以及新疆生产建设兵团的38个团场达到国家"两基"验收标准。该《计划》在国务院领导下，由教育部、发展改革委、财政部和地方人民政府共同组织实施。到2007年，在西部地区基本普及九年义务教育、基本扫

除青壮年文盲,从根本上改变西部地区教育相对落后的面貌而确立的重大战略目标,具有十分重大的意义。

与此同时,国家提出,到2015年,全国普及义务教育人口覆盖率达到百分之百,九年义务教育巩固率达到93%。到2015年底,全国半数以上的县市区实现县域义务教育基本均衡发展,到那个时候,农民工等流动就业人口子女在公办学校免费接受义务教育得到基本保障;残疾儿童、少年等特殊群体义务教育的普及程度进一步提高;边远地区、贫困地区义务教育的办学条件进一步改善;保障适龄儿童依法平等接受义务教育的权利,促进义务教育均衡发展的制度、体制、机制进一步完善;职责明晰,统筹有力,以人为本,教学质量进一步提高。到2020年,全面提高义务教育的普及水平,全面实现义务教育的基本均衡发展,全面提升义务教育质量,全面完善义务教育的体制、机制。

三、主要举措

1. 特岗计划

"有好的教师,才有好的教育。"为加强农村义务教育教师队伍建设,促进农村义务教育均衡发展,创新教师补充机制,提高教师队伍整体素质,逐步解决教师总量不足和结构不合理等问题,国家早在2006年就决定用5年时间在西部地区实施"农村义务教育阶段学校教师特设岗位计划"。

"农村义务教育阶段学校教师特设岗位计划"在不改变教师管理事权的前提下,在现有教师编制内设立特别岗位，由国家公开招募高校毕业生担任特别岗位教师，聘期3年。所需资金由中央和地方共同负担，以中央为主。特设岗位教师聘用期满后可按规定转为当地公办教师，重新择业，享受国家有关就业优惠政策。

2006年，中国国家教育部、财政部、原人事部、中央编办下发《关于实施农村义务教育阶段学校教师特设岗位计划的通知》，联合启动实施"特岗计划"，公开招聘高校毕业生到"两基"攻坚县农村义务教育阶段学校任教。原则上安排在县以下农村初中，适当兼顾乡镇中心学校。从2009年起，实施范围进一步扩大。2010年中央财政用于"特岗计划"经费达30.5亿元，招聘教师60898人。

2. 国培计划

以"国培计划"为抓手全面加强教师培训工作。"国培计划"其全称为"中小学教师国家级培训计划"，是中国教育部、财政部于2010年开始实施的旨在提高中小学教师特别是农村教师队伍整体素质的重要举措。2010年，中央财政安排经费5.5亿，培训中小学教师115万人，其中，农村教师110万人。国家教育部制定了《关于大力加强中小学教师培训的意见》，提出了对全国1000多万中小学教师，每五年接受不少于360学时的培训。健全教师管理制度，推进"国标、省考、县聘、校用"的中小学教师职业准入和管理制度，筹备开展教师资格考试改革和定期注册试点工作。实施农村边远艰苦地区学校教师周转宿舍建设试点项目，2010年中央财政安排专项资金5亿元，2011增加到15亿元。

3. 免费师范生制度

2011 年中国有 10597 名免费师范生毕业。根据要求，他们中 90％以上到中西部地区中小学校任教。根据规定，到城镇学校工作的免费师范毕业生，由当地政府教育行政部门结合城镇教师支援农村教育工作，安排到农村学校任教服务两年。免费师范毕业生在农村学校任教服务期间仍然享受派出学校原工资福利待遇。地方政府和农村学校要为免费师范毕业生到农村任教服务提供周转住房等必要的工作生活条件。

4. 农村教育专业硕士计划

免费师范毕业生到中小学任教满一学期后，均可申请免试在职攻读教育硕士专业学位，经任教学校考核合格，部属师范大学根据工作考核结果、本科学习成绩和综合表现考核录取。

免费师范毕业生攻读教育硕士专业学位采取在职学习方式，学习年限一般 2—3 年，实行学分制。课程学习主要通过远程教育和寒暑假集中面授的方式进行。

5. 义务教育绩效工资制度

根据国务院安排，从 2009 年 1 月 1 日起，中国义务教育阶段教师实施绩效工资制度。为落实这一规定，2009 年 2 月 5 日教育部出台了《关于做好义务教育学校教师绩效考核工作的指导意见》，制定了详细的实施方案。在义务教育学校实行教师绩效工资制度，是国家持续推进教育优先发展战略的又一重大举措。该项制度覆盖在职人员 1051 万人，退休人员 382 万人。

学生的成长才是学校成功的标志

原载《中国教育报》，2010年11月29日

现代社会关于教育质量，其衡量的标准是多元的、多样的。不同的教育质量标准，对于我们理解如何提升教育教学质量具有重要的意义。

对于学校而言，不能只追求学生的成绩、成功，强调获得了多少奥林匹克奖牌、学科竞赛第一。学校应当更多地关注学生的成长，把学生的成长作为学校成功的标志。在基础教育质量监控体系中，我们应当强调学校为学生作了多少贡献、学生取得了多少进步，而不是学生最终达到了什么水平。

尽管随着教育规划纲要的颁布实施，树立正确的教育质量观，提高基础教育质量，已成为教育系统的广泛共识，然而在实践领域，要将科学合理的教育质量观落到实处，却仍然面临着强大的阻力，不少学校和家长仍然把升学率、学习成绩作为衡量学校教育质量的唯一标准，导致学生负担过重，教育功利化倾向严重。据媒体报道，东南沿海某城市周末补课接送孩子的车辆堵满了整条马路，着实"吓着"了前去考察的教育行政部门领导。这说明，对于教育，对于提高教育质量，仍然存在很多认识上的误区。

我把这些问题和误区概括为以下几个方面。其一，对

学生的成长才是学校成功的标志

教育本质的忽视。教育是什么，教育为什么，对于广大教育工作者来说，这些问题看似清楚明白，但是在功利化的追求下，现实的教育却沦为为了考分的教育、为了学校声誉的教育。其二，对教育规律的藐视。教育是有规律的社会活动，然而在现实中，过度学习、超前学习却随处可见，让五岁的普通孩子去学习小学六年所有的功课，这难道符合教育规律？其三，对时代要求的蔑视。教育要适应社会的发展，但是很多教育工作者对社会进步要求视而不见，除了现成的几门学科，很少有学校去关注社会对人才有什么要求，关注社会对人的素质、品格和人格的要求。其四，对精神生活的轻视。部分教师精神生活缺失，梦想失落，激情枯竭。教育行政部门以及校长应当重视学校的精神生活，为教师的发展、生活多考虑一点，提高教师成就感和幸福感。其五，对课堂教学的无视。很多校长成了社会活动家，整天在外开会、跑关系、参加各种各样的活动，焦虑学校的发展、社会的认同以及政府的评价，却没有精力顾及课堂教学，校长应当回归课堂、聚焦课堂，这样，提高教育质量才不会成为一句空话。这些问题和误区的存在，导致了我们一方面强调树立正确的教育质量观，提高基础教育质量，另一方面却在片面地追求升学率和优秀率。

当前，基础教育已经从关注外延发展、规模发展转向关注内涵发展，片面强调学习成绩的教育质量观，已经不能适应社会发展的形势。在现代社会，关于教育质量，其衡量的标准必然是多元的、多样的。具体来说，预期标准

> 教育是什么，教育为什么，对于广大教育工作者来说，这些问题看似清楚明白，但是在功利化的追求下，现实的教育却沦为为了考分的教育、为了学校声誉的教育。

> 教育行政部门以及校长应当重视学校的精神生活，为教师的发展、生活多考虑一点，提高教师成就感和幸福感。

> 校长应当回归课堂、聚焦课堂，这样，提高教育质量才不会成为一句空话。

的达成，即学生学到教学大纲所要求的知识，取得好的学习成绩，是教育质量的体现；学生智慧的提升、人格的完善，学生处于不断发展的成长过程，今天比昨天要好，明天比今天好，也是教育质量的体现；当然，我们还有更高的质量观，那就是能够满足社会、学生的需要，根据社会、学生的需要提供个性化的教育。不同的教育质量标准，对于我们理解如何提升教育教学质量，具有重要的意义。

在多元教育质量观的启发下，关于提高教育质量，我提倡三个命题：

第一个命题是办学不搞世界杯，教育要搞奥运会。我们知道，世界杯以其他队伍的牺牲或者失败为代价，最后造就了一个世界杯的获得者，所以除了冠军以外，其他球队都是含泪离开世界杯赛场的。对于教育，我们更要提倡奥运会，奥运会有300多块金牌，我们每一个选手都可以根据自己的特长、爱好，发展、展示自我。教育需要这样一种百花齐放的局面。

第二个命题是没有成绩过不了今天，只有成绩过不了明天。学习成绩当然重要，学习成绩不好，对我们人才未来的发展是不利的，但是只有学习成绩是过不了明天的，学校培养不出高素质的人才，得不到社会的认可，也不行。有一句名言说得好，"板凳坐得十年冷，办学要看十年后"，教育要有长远利益观。

第三个命题，学生的成长，而不是学生的成功，才是学校成功的标志。对于学校而言，不能只追求学生的成

学生的成长才是学校成功的标志

绩、成功，强调获得了多少奥林匹克奖牌、学科竞赛第一。学校应当更多地关注学生的成长，把学生的成长作为学校成功的标志。在基础教育质量监控体系中，我们应当强调学校为学生作了多少贡献、学生取得了多少进步，而不是学生最终达到了什么水平，只关注学生的绝对水平，最终的结果就是导致教育的生源大战。

这三个命题，在一定程度上，是科学合理的教育质量观的体现。围绕这三个命题的达成，在推动教育的改革发展过程中，广大教育工作者应当办回归本质的教育，办遵循规律的教育，办尊重人格的教育，办注重发展的教育，办回归课堂的教育。

具体而言，我们不仅要把办学的视野放在为考试而准备之上，更要把教育放在爱和责任上，培养出学生健全的人格，不断提升学生的智慧，使我们的教育不仅关注知识，更关注知识的运用，以及知识的创造。提到教育质量的提升，我们还要重建学校的文化。一流的学校不是因为有一流的环境设施，而是因为有一流的教师、有一流的文化。北京大学原校长蔡元培曾经说过，思想自由是大学的基本原则，大学为大，在于有思想自由与文化。重建学校文化，形成一种崇尚一流，拒绝平庸，不断超越自我的校园文化，对教师、学生的发展都大有裨益。除了文化的涵养，还应当创新人才培养模式，设计有利于创新人才脱颖而出的课程体系、方法体系以及评价体系。此外，教师队伍的提升、制度的保障以及评价体系的推动，都是提升教育教学质量的重要保障。

> 学校应当更多地关注学生的成长，把学生的成长作为学校成功的标志。

> 一流的学校不是因为有一流的环境设施，而是因为有一流的教师、有一流的文化。北京大学原校长蔡元培曾经说过，思想自由是大学的基本原则，大学为大，在于有思想自由与文化。

2009年7月于井冈山

第二篇
教育：回归人的生活

6. 本真、唯美与超然的教育
7. 追求美和追求美的教育
8. 教育与学生的天性、德性与个性
9. "用心"书写的教育
10. 教育：回归人的本源
11. 教育：铭心相约
12. 教育：让生命幸福成长
13. 让学生多元发展，为社会提供多样化人才
14. 美好人性的培育，一种教育的价值选择
15. 关于博雅教育
16. 让学生拥有灿烂的心灵
17. 关注人文情怀：教育的时代选择

6

本真、唯美与超然的教育*

尊敬的柳袁照校长、各位教育同仁：

傍晚好！今天非常有幸聆听了柳袁照校长"诗性教育：本真、唯美与超然"的教育讲演。从我个人来说，收获颇丰，促使我们更深入地思考一些教育问题。

我想到了教育的许多问题：它的目的是什么？手段是什么？我们的理想是什么？我们的现实是什么？事实上，在这些问题以及在教育的成果和过程之间关系的问题上，很多人，包括我们一些从事教育理论研究与实践工作的人，都还存在很纠结的认识。对这些问题，柳校长通过他的诗性教育给了我们一个苏州十中的诠释，很多问题的思考是独到的。下面谈谈我的三点感受：

---

* 本文是在柳袁照教育思想研讨会上的点评。柳袁照，男，江苏省苏州第十中学校长，语文特级教师、江苏省作家协会会员、省政协委员。他教育讲演的题目是："诗性教育：本真、唯美与超然"，载《教育：培育美好人性》，华东师范大学出版社，2012年版。

柳袁照（左）在培训中心兼职教授聘请仪式上

2010年11月在柳袁照教育思想研讨会上讲话

以生态的、绿色的、自然的、健康的、快乐的校园生活，以让学生与教师有尊严的学校活动，来实现着教育作为本色人生培育的这样一个目标。

第一，诗性教育，它的目的和手段是如何统一的；第二，诗性教育，它的理想和现实又是如何结合的；第三，诗性教育，又是如何把感性与理性融合在一起的。

首先，作为一个教育工作者，我们自始至终思考着教育的目的：教育为了什么？柳袁照校长给了我们一个他的解答，就是"以学校的每一天成就每一个师生的本色人生"，本真的、本色的人生，这就是我们教育的目的所在，指向所在。以学生、教师和校长的健康、快乐和自由发展作为我们教育的指向，我以为对当下的教育工作者来说是很有启示意义的。因为，现在我们的教育过于功利，教育目标过于指向我们今天所想得到的功利，所以在这个意义上，还教育的一个本色人生，还我们的学生、还我们的教师、还我们的校长以生活的本真，我认为这是非常重要的问题，有非常重要的现实意义。

当然，"本色人生"的本真教育，它一定有自己独到的手段、独到的方法和途径。柳袁照校长提出了"质朴大气、真水无香"的理念，以生态的、绿色的、自然的、健康的、快乐的校园生活，以让学生与教师有尊严的学校活动，来实现着教育作为本色人生培育的这样一个目标。这个目的和手段之间的内在逻辑我们似乎可以把握住，所以在这个意义上我

6 本真、唯美与超然的教育

以为从诗性教育来说，在十中的实践、在柳袁照校长的思想引导之下的实践，是非常有启示意义，非常成功的。

记得我在东北师大附中六十年校庆论坛上，谈过一个观点，现在我们的教育存在着三个"过度"：学生过度学习、教师过度竞争、校长过度焦虑。学生过度学习，学生课业负担过重就是在这样一种状况之下的必然；教师过度竞争，为了班级 0.1、0.2 个百分点的提升而竭尽全力；校长过度焦虑，焦虑着学校究竟在当地排第几名。在这样的背景下，我想我们今天提"诗性教育"是非常有意义。我认为："诗性教育"就是要以平和之心，用平静之态，做平常之事。

以平和之心、用平静之态、做平常之事，就得仔细地研究什么叫"平和"？什么叫"平静"？以及什么叫"平常"？我相信这对我们理解诗性教育会有很大的帮助，会使我们对"诗性教育"有一个更深刻的理解。

所谓平和之"和"，就是和谐。所谓和谐就是不偏，不是今天偏向这个，明天偏向那个。

所谓平静之"静"，就是不躁动、不纠结、不折腾。现在我们的教育过于折腾，今天折腾到这里，明天折腾到那里。这是办不好教育的。

所谓平常之"常"，就是按规律办事。"天行有常，不为尧存，不为桀亡。"（《荀子·天论》）这个"常"就是规律，社会发展有其自然的规律，它不会因为尧的圣明而存在，也不会因为桀的不仁而消亡。所以，校长就要按照教育自身的规律来办教育，不用去管社会上的那个"排名"，

> 现在我们的教育存在着三个"过度"：学生过度学习、教师过度竞争、校长过度焦虑。
>
> "诗性教育"就是要以平和之心，用平静之态，做平常之事。
>
> 所谓平和之"和"，就是和谐。所谓和谐就是不偏，不是今天偏向这个，明天偏向那个。
>
> 所谓平静之"静"，就是不躁动、不纠结、不折腾。
>
> 所谓平常之"常"，就是按规律办事。

别人的议论,甚至也不用去管那些官员今天的这个指示,明天的那个要求。

以平和之心,用平静之态,做平常之事,这个就是超然,这个就是本真。

柳袁照校长关于"诗性教育"的这么一个诠释,他的理念以及实践使我们感受到了教育目的和教育手段在十中是如何完美地结合起来的,达到这么一个境界,令人感佩,所谓感佩就是感动和佩服。在这个意义上,我想对我们来说今天这样一个会是非常成功的,给我们以重要启示的。这是第一个认识,第一个感悟。

其次,"诗性教育"是理想和现实的结合,是历史与当下的结合。本真的、唯美的、超然的教育是需要有理想的,没有理想,我相信它一定会走向反面,也就是说,它一定是功利的,有时是要粉饰太平的,这和本真、唯美、超然的教育是不一样的。当然,我们理想的教育也要立足于现实,它是生长在现实土壤上的,是在苏州、在江苏、在中国、在当下、在21世纪的第一个十年。当然,21世纪的第一个十年马上要翻过去了,这个历史的关口,作为本真的、唯美的、超然的教育一定是有理想的。我们的理想既要善于继承历史,又要敢于超越现实。

作为诗性教育,它的所谓理想追求和现实之间的一个中介、一个过度、一个结合究竟在哪里?我一直在思考这个问题,思考如何去破解这个难题,很高兴,今天我们看到了柳袁照校长践行着的诗性教育。

有时候我们讨论问题的时候,总是要回到本源。诗性

6 本真、唯美与超然的教育

教育，什么是诗？什么叫诗性？什么叫诗性教育，这话说起来就长了，我相信，柳袁照校长已经做了一个比较充分的诠释。

按照我一个外行人的理解，什么是诗？诗当然是一种语言。我在我们全国第一期、第二期优研班都是讲概念、概念的系统化，概念的系统化从抽象走向具体。

诗，是一种语言，一种什么语言呢？是一种有韵味的语言，是一种充满想象的语言，是一种依靠修辞，比如：比喻、借鉴等等这样的手法表达自己情感的语言，所以诗不是一般的语言，是比一般语言要提升一个档次的语言，这就是理想，所以这个诗性教育不是自然语言的教育，它一定是超越我们现在一般的教育，但我不希望有什么超常的教育，超越规律是不存在的，是一定失败的。

我又想起了在杭州有一次茶歇我和李涵校长的讨论。我说能不能给我做一个解释，什么是"诗"？什么是"歌"？什么是"舞"？诗、歌、舞这三者能不能定义一下？今天，我想借本次论坛的机会回答一下这个问题，不知道是不是妥当。诗是一种有韵味的，是一种富有想象的语言，用诗这样的语言来表达我们的情感，它超越一般语言。

那么什么是歌呢？歌就是有旋律的、讲节奏的诗，歌是一种诗，歌把诗用一种旋律，用一种节奏来加以表述。

什么是舞？舞就是用肢体语言表达的歌。

按照这个逻辑，诗、歌、舞首先都是语言。在语言中有一种特殊的语言，叫做"诗"，它是一种充满想象的有韵味的语言；在所有的诗中有一种特殊的诗，叫做"歌"，

> 所以这个诗性教育不是自然语言的教育，它一定是超越我们现在一般的教育，但我不希望有什么超常的教育，超越规律是不存在的，是一定失败的。

卓越校长的追求

它用一定的旋律与节奏来表述它;在所有的歌中有一种特殊的歌,叫做"舞",它就是用身体、用自己的肢体语言来表述歌。

上面这段关于诗、歌、舞的定义,在艺术家们看来一定是外行的,很可能会受到他们严厉的批判。其实,我在这里讲诗、歌、舞的关系,只是想说明,任何事物都是不断地在发生、发展着的。逻辑的发展其实反映着我们的社会生活由简单到复杂,由低级向高级发展的过程。苏州十中有百年的历史,有着非常优美的校园。在历史上,她承载着苏州的园林之美,典型地反映了苏州的自然美、生活美与现实美。然而,今天的苏州十中更加美,她是苏州十中的师生员工在源于自然环境与生活现实基础上,创造的高于自然环境与生活现实的艺术美。这种创造不是推倒重建,而是在理解、吸收与消化过程中的提升与升华。苏州十中的师生员工在发展学校的过程中创造着美,其实,十中的美也创造着十中的师生员工,提升着他们的审美情趣与创造美的能力。"唯美"是学校教育走向更高层次的一种探索。

苏州十中在"诗性教育"展开的过程当中特别强调了学校之美,我记得在苏州十中百年校庆的时候,有过一个关于校园美德的讨论。在讨论会上,根据柳校长的要求,我作了一个报告,其中强调一个观点:学校应当是最美的世界,是世界上最美的地方。在这点上,苏州十中是做得相当成功的。天公成人之美,今天我们在十中举办柳袁照教育思想研讨会,外面下起了蒙蒙细雨,雨中的苏州十中

> 学校应当是最美的世界,是世界上最美的地方。

6 本真、唯美与超然的教育

校园更美。

唯美的教育它既是充满理想的又是立足于现实的，是理想与现实的高度统一。因为它是理想和现实高度统一的，所以它是可以借鉴的，能够示范的，能够带动和引领其他学校发展的。

当然，这种探索是立足于苏州十中的现实环境的。所以，柳校长在他的讲演中也特别强调办学需要平实，需要厚重，强调要以平常来超越平常等等，我以为这对于各个学校把握住教育活动当中理想和现实提供了一个示范，提供了一个很有启示意义的案例。

最后，"诗性教育"也是把感性和理性融合起来的。感性和理性的统一，这是非常重要的。诗性教育给人们的感觉好像就是一个感性的教育，其实不然，柳袁照在他的这篇大文章和报告中都特别强调了诗性教育是感性和理性的融合。那么诗性教育究竟是如何把感性和理性融合起来的呢？所谓感性指的是什么？所谓理性指的是什么？我以为这个问题还是值得我们研究和讨论的，愿意借着这个机会对这个问题谈自己一点感悟。

所谓感性的，它的特征就是个体的，强调个人感受的。它因时而异，我今天的感觉和昨天的感觉不一样，明天的感觉和今天的感觉也不相同；因时而异，当然也因地而异，今天我们在苏州，明天到无锡，感觉不一样，今天我们在江苏，明天我们到河南，也不一样，感性就是这样一个特点，它是因时、因地而变化的。此外，感性的是互动的和相互生成的，这是感性的特征。

所谓"理性的",是普适的,是程式的,是超越时空的。理性的还有一个最大的特征:追求最优的,经过一个严密的思考和加工的。比如,计算机的程序就是经过精心设计的,它不以你的感情为转移。你点击一个画面,它就给你呈现一个结果,这个结果是确定的。当然,现代的计算机程序更加智能化了,你点击一个画面,它可能给你呈现几个结果,其实道理是一样的。理性追求效率的最大化。把握住感性和理性的这些特征,对我们真正理解柳袁照校长强调的诗性教育是感性和理性的融合与统一,是有非常重要意义的。

教育是人和人的交流,所以,教育呼唤着感性,呼唤着教师与学生感情的交流,呼唤着学生与学生的感情的交流,以最激情的方式激发人的最善良的本性。同时,也要积极引导学生把握理性,即从热情走向朴实,从特定的时空走向超越时空。对于教育工作者来说,也就是要引导他们遵循规律,遵循学生身心发展的规律,遵循学生认知与情感发生发展的规律,遵循学校管理的规律,实现学校教育的轻负担、高质量。然后在这个基础上又回归,回归到包括诗性在内的人性。我们每个人都有一种人文关怀的情意,有一种对人、对生命尊重的普适价值的追求。

诗性的教育是火热的感性和丰盈的理性交融的生活。感性的才可能是火热的。因为是火热的,所以感性它会打动人、会感染人。今天的会场是最活跃的会场,就是因为柳校长是以一种充满激情的方式展开着他的讲演,这种方式感染着我们每一位校长、感染着我们在座的每一位受

6 本真、唯美与超然的教育

众,我有这样一个感觉。同时,柳袁照校长的讲演又是充分说理的,是充分地遵循教育与学校管理规律的,所以,它才能使人信服。

我相信在柳袁照校长的思想引领下,苏州十中教育一定会更加辉煌,苏州十中会像王俭博士所言由"最中国"走向"更中国"。这句话是非常贴切的,中国的文化就是一个追求本真的、唯美的、超然的文化,这样的教育一定会对我们走出一条素质教育之路起着一种引领的作用。

祝苏州十中的明天更美好,祝苏州的教育、江苏的教育更加辉煌!

谢谢!

7

追求美和追求美的教育*

尊敬的各位校长：

今天上午我们听了张丽钧校长的讲演——追求美的教育。刚才戚业国教授作了一个非常有激情的、非常细致的点评。从大家热烈的掌声中，我们可以感受到校长们对戚业国教授点评的认可。后面，我想再补充几句。

应当说，追求教育之美是一个复杂的命题。追求美至少包含着人们对美的发现、对美的理解、对美的欣赏和对美的创造等一系列的活动，由这些活动构成一个完整的追求美的过程。讲到发现美、理解美、欣赏美和创造美，就需要了解美有哪些类型。事实上，美的内涵是非常丰富的。如果粗略分一下，人们讲的美，就有所谓现实美和艺

---

* 本文是在张丽钧教育思想研讨会上的点评。张丽钧，女，唐山市开滦一中校长，特级教师，中国作家协会会员，曾获全国五一劳动奖章、全国三八红旗手等荣誉。她教育讲演的题目是："追求美的教育"，载《教育：为了生命的幸福成长》，华东师范大学出版社，2012年版。

7 追求美和追求美的教育

术美之分。现实美是存在于客观世界的美,如河流山川,美不胜收,这是自然的美。显然,自然美是现实美的重要组成部分,但还不是现实美的全部,现实美当中理所当然地还包含着科学美。对于现实美,尤其是其中自然美与科学美的特征,我们后面再讨论。

所谓艺术美,就像张丽钧校长作为一个作家,她创造了很多作品,一些画家创造了很多优美的画。艺术美和自然美不同在哪里呢?自然美是客观存在的,艺术美是人所创造的,这是它们最大的区别。艺术美是源于生活高于生活的,它需要人通过眼睛的观察和大脑的思

张丽钧校长在学校

考,对美的体悟,然后再现,只是这个再现不是简单的复制,它还高于客观世界本身。

我们把美分为两类:现实美与艺术美。其实中间还有一类:社会美。社会美本来是现实美的一部分,但是,它又不同于客观世界中的其他美。社会美包括人们在社会生活中的语言、行为、心灵的美。这些美既是现实的,但它又是创生的。刚才戚业国教授谈了昨天的美、今天的美、明天的美以及它们之间的关系。今天的美是依附于昨天的美,但它又随着社会文明的发展不断丰富的,而明天的美

会比今天的美更美。它是客观存在的,又是随着主体的发展而发展的。在很大程度上,我以为张丽钧校长紧紧把握住了社会之美的真谛。所以,她提出要救赎美,放大美。从社会美的基本特性出发,使得我们的教育能够不断地为学生审美能力的提高、创造美的能力的增强而有所贡献,这是非常有意义,非常重要的。

前面我谈到了自然美、科学美,那么作为美,它们有哪些特征呢?有人把自然美的美学特征概括为六个字:雄、奇、险、秀、幽、旷,雄伟、奇特、险峻、秀丽、幽静、旷远,当然这只是指自然美中的河流山川之美,除此之外,还有云雾,它们色彩绚丽,形象奇特。在自然美中可以研究的对象数不胜数,它们的美学特征也各不一样。

科学美也包含在现实美中,不管物理、化学还是生物,科学充满着美。科学美的特征有简单、和谐、对称与黄金分割等等。世界是简单的,你别把它搞复杂,一个物理公式或者化学现象,你把它搞复杂了就错了,简单的才是科学的。和谐、对称、黄金分割,这都是科学美的内涵。所以,你回过来看看物理学就会发现,它充满着美。在科学史上,英国剑桥大学三一学院有个叫"卡文迪许"的实验室,首任主任麦克斯威尔,大家知道他是研究电磁学的,研究电磁转换的数量关系。他在实验室首先研究出了电转化成磁的方程,后面在研究磁转化成电的数量关系时,他不再做实验了,他坚信电磁的数量关系是对称的。电怎么转化为磁,磁就怎么转化为电,所以,随手写下了磁转化为电的方程。以后,人们无数的实验到今天为止都

7 追求美和追求美的教育

证明麦克斯威尔的这一组电磁转化的方程式组,全部是对的。就那么简单,在他看来,如果后面一个错了,前面一个也一定是错的,它是对称的。

在这里,我特别想强调:很多科学家是因为对美的欣赏而产生科学研究冲动的。爱因斯坦坚信世界是美的,因而,一定是简单的。所以他毕生的追求就是试图去发现所谓"统一场"的理论。很遗憾,最后他没有成功,但是,对美的追求始终是爱因斯坦作为一个科学家开展科学研究的最重要的动力。

理解这一点有什么意义呢?"以美启智"、"以美启德"是我们不少学校的追求。我希望,它不只是学校的口号,它应当落实到学校教育教学工作中去。学校要落实这一追求就要求作为教育工作者,无论是校长还是教师都要懂得美、理解美,在学校各处,在我们所上的各门学科中,发现美、传递美,这对提升学校教育的质量,提升教育之美的内涵有重要价值。当然,对于自然美、科学美,我们更多的是去发现它,欣赏它,享受它。在发掘美的过程中创造我们的教育,如果有人不懂所谓的自然之美,不能把握科学之美,我以为他在教学过程中是不能真正体会到学科美的,美育在课堂中也很难真正地得到落实。

> 在发掘美的过程中创造我们的教育,如果有人不懂所谓的自然之美,不能把握科学之美,我以为他在教学过程中是不能真正体会到学科美的,美育在课堂中也很难真正地得到落实。

美总是独特的。美的独特性就在于,它和德育不一样,和体育不一样,和智育也不一样。记得在苏州十中我曾借用伟人的话说过,人的精神追求分为三大类:真、善、美,对真的向往,对善的执着,对美的追求。这是人的精神生活,人在这三方面的精神生活也是独特的,不能

2008年在纽约华尔街

在加拿大

社会美有一个重要的特性，它往往是美和善的结合，行为美就是行为的善，语言美是一种善意的表达，心灵美则是善的内蕴。

相互替代的。提升学生的审美情趣，使学生懂得美、理解美与欣赏美，提高欣赏创造美的能力，无疑是我们重要的教育目标。党的教育方针强调：培养德智体美全面发展的社会主义的建设者与接班人。如果谁有兴趣研究党的教育方针演变过程的话，他就可能发现：在党的"十六大"之前，提的是：培养德智体全面发展的社会主义的建设者与接班人。"十六大"之后，加了一个字，提的是：培养德智体美全面发展的社会主义的建设者与接班人。在"十六大"之前，不是人们不重视美，而是因为当时不少人认为，美不是独立的，它可以由德智体来代替，或者是可以用真和善来代替的。其实不然。美的不一定是真的，美的不一定是善的。我一直打的一个比方就是，女性早晨要做的第一件事就是给自己涂脂抹粉。涂脂抹粉是什么？是伪饰，是作假。这一事实表明：美的不一定是真的。当然，社会美有一个重要的特性，它往往是美和善的结合，行为美就是行为的善，语言美是一种善意的表达，心灵美则是善的内蕴。所以，把握住美的这些特性我认为是非常重要的。人们只有在充分发现美、

7 追求美和追求美的教育

理解美的基础上才能欣赏美，才能享受美，才会有追求美的冲动，才会实现对美的创造。

张丽钧校长抓住了这几个方面。对我们教育工作者，对我们校长怎么去深化学校的美育，提升美育的质量有重要的借鉴意义，当然更重要的是把我们的学校建设得更美，使我们的教育变得更美。在这个意义上，要使得我们的教育更美，首先我们要理解社会之美，把握自然之美、科学之美，如果我们校长作为教育工作者不知道什么是自然之美，什么是科学之美，我们就丧失了非常重要的美育资源。

追求美的教育，把美作为重要的教育目标与重要的教育内容，同时，也把美作为重要的教育手段，使教育过程、教育活动充满着美。为此，我们要学会理解、懂得美，在这个过程中创造教育之美。创造教育之美我认为包括两个含义：

一是充分利用和发掘现实美，这是创造教育之美的重要途径，这样才能使我们的教育活动各美其美，美美与共，使我们的教育美、社会美和现实美能够和谐震荡。

二是要使教育过程本身充满着美。教育直指学生的心灵，一个学生始终教育不好，屡教屡不改，说明这个教育不美。按照前面讲的观点，只有最简单的、直指心灵的，才是最美的。搞得那么复杂，这一套方法，那一套方法都改变不了学生，这种教育是不成功的，一定是违背教育活动的本质和规律的。为此，学校需要在举行的各种教育活动中不断创造教育之美。张丽钧校长在教育美方面做了很

> 把美作为重要的教育目标与重要的教育内容，同时，也把美作为重要的教育手段，使教育过程、教育活动充满着美。

多探索，发现社会之美，发现现实之美，同时也积极创生着教育之美。

当然，在我看来，创生教育之美是需要定义的。有人说，这个世界不缺少美，但缺少发现美的眼睛。为什么世界到处都有美我们却发现不了呢？因为我们浮躁，因为我们匆忙。所以，借助今天的会议，借助张校长提的观点，我想说，发现教育之美需要眼睛，需要心灵，需要我们用心去体悟。痴心并凝视，看着我们的校园，看着我们的学生。其实，不管是对自然美的欣赏，还是对科学美的发现，凝视都非常重要，就是呆呆地看着，用心去体悟。在美学史上，美是客观的还是主观的始终存在争论的。有人认为：这个人认为美的，那个人认为不美，这一事实说明，美是主观的。我并不完全同意这一观点，但是，我认为：美至少是主客观统一的。美需要人用心去了解才能体悟的。由此，可以说，用心，我们才能真正把握教育之美，才能创造教育之美。

借用刚才张丽钧校长用过的一句话，教育是"农业"不是"工业"，教育是一种"慢的艺术"。所以，我恳请各位校长，平静心灵，放慢自己的脚步，创造更美的校园，使学校的生活更加美丽灿烂，培育更有美感的学生，为我们的民族创造更加美好的明天。

谢谢大家！

8

教育与学生的天性、德性与个性*

尊敬的李涵校长：

今天上午我们听了李涵校长的讲演，也有幸听到了河南省第二实验中学学生家长、校友和在读学生从各个侧面对李涵校长报告的印证，我们很有收获。这是一个非常有内涵的、内容非常丰富的报告，给了我们很多的启示。从我个人来说，听了李涵校长的报告后有四个方面的感悟。

第一方面的感悟是有关天性、德性和个性之间的关系。为什么李涵校长"让每个孩子阳光灿烂地成长"要从天性、德性和个性这个角度切入，它们之间究竟有什么样的逻辑关系？之前，我一直在考虑这一问题。今天上午听

---

* 本文是在李涵教育思想研讨会上的点评。李涵，女，河南省第二实验中学校长、特级教师、河南省政府督学，曾获全国教育系统先进工作者、全国三八红旗手、全国巾帼建功标兵、河南省十佳中小学校长等荣誉称号。她教育讲演的题目是："回归天性、发展德性、张扬个性"，载《教育：从自发走向自觉》，华东师范大学出版社，2012年版。

了李涵校长的报告以后，似乎有一点理解：人的发展就是这样的一个过程，就是从"自在的我"走向"社会的我"，最终成为"自为的我"的过程。每个人都是一个个体，他出生的那一天更多的是带着自然性，似乎和其他的动物并没有太多的区别。教育是什么？教育就是人的社会化的过程，是从人接受社会的规范，接受社会的文明开始的。在这一过程中，首先是"独特的我"走向"我的消解"，我不是我，我是被社会同化了，成了社会的一个螺丝钉，成了社会大机器的一部分了。如果人的发展到此为止，那就非常可悲了。所以，"我的消解"，并不是人发展的终点。在这后面还应该有"我的再生"，使我成为一个独特的人，这是一个自然性和社会性高度统一的过程。在这个过程中他要顺应天性，涵养德性，更多的就是走向社会，这是社

"我的消解"，并不是人发展的终点。在这后面还应该有"我的再生"，使我成为一个独特的人，这是一个自然性和社会性高度统一的过程。

与李涵校长（右）共同出席内地香港中小学校长高峰论坛

8 教育与学生的天性、德性与个性

会化的过程,在这一过程中,人不断地明晰着自己的地位,确证着自己的价值。这个过程当然要吸收社会的文明,尤其是社会的规范,但最终还是要成为我,成为独特的我,社会性和自然性高度统一的我,而不是别人。我是戚业国,不是吴志宏,这个"我"!人的社会化是一个过程。正、反、合,社会发展的一般规律就是这样的三段式。李涵校长帮我们理清了这一关系,这对我们深化对教育的理解非常有意义,这是我的第一个感悟。

第二方面的感悟,关于天性。那什么是天性?为什么我们要选择顺应天性?突然之间我冒出一个观点,冒出一句话,什么话呢?我们一直强调依法治校,所以这里我要借用它:依法办学,依法办教育。什么事情都得以事实为依据,以法律为准绳。怎么又讲到法律去了呢?其实,我想这就是李涵校长对教育的体悟,并且在这一体悟基础上对教育的深刻把握。这个法——法律,这两个字一个是法则,一个是规律。所谓依法办校,依法办教育就是要按照法则去办,按照规律去办,对规律把握了,那么我们教育才能顺其自然,取得事半而功倍的效果。刚才河南省第二实验中学的学生家长提了一个观点,你别去和小树(把学生比作小树)较劲。我们的很多校长和很多老师往往去和孩子较劲,明明人家在自然地成长,你非要用你的外力把他改变。这位家长说,与其与小树去较劲,还不如去施肥,去灌溉。让它按照它本身的法则去成长,这就是顺应天性。

现在,我们对"依法办教育"有了新的理解,这就是按照学生成长的法则去办教育。这对我们来说是很有启示的。河南省第二实验中学的同学们也谈到，校友也谈到，他们在学校是很勇敢的，他们勇于承认自己的错误，因为他们在那里感到很放松。就像一位母亲勇于说出自己孩子的缺点一样，所以孩子呢，回到家里也可以肆意地和母亲撒娇的，这就是天性。顺应天性从本质上来说，就是顺应自然，顺应人的发展的客观规律。"不要和小树去较劲"这句话，我认为是非常有哲理的，这是一个家长非常朴素的一句话，说到底为什么不要和小树去较劲？就是不要去和自然规律较劲。和自然规律较劲肯定是要碰得头破血流的。规律是不可改变的，人们只能顺应规律，创造奇迹，这一观点是非常深刻的。所以在这个意义上，按照孩子自身成长的法则，按照孩子自身成长的规律和他的年龄特点，尊重孩子的兴趣，尊重孩子的愿望，保护他们的好奇等等，都是我们对教育工作，对学生成长一个比较深刻的认识。这是第二个方面的感悟。

第三方面的感悟，关于德性。从李涵校长关于德性的表述当中，我们体会到什么呢？研究表明，人的所谓社会规范的接受，本质上，它源于学生成长的需要。人融入社会就不能什么时候都我行我素，他必须接受社会公认的伦理道德，服从社会的伦理道德。但与此同时，孩子也会本能地进行反抗，这个过程就表现为孩子们和社会规范的对立、紧张、矛盾。如果说的更直白一点，孩子走向社会的过程是社会化的过程，孩子本能的有一种反社会化的要求。你要改造他，他不愿意，我就是我，为什么要被你改

8 教育与学生的天性、德性与个性

世博期间代表学院慰问"小白菜"

慰问小白菜

造？我是一个独立的人，为什么要成为你这个社会大机器的一个螺丝钉，为什么要按照你的要求来规范我的行为？这种对立、紧张与矛盾是客观存在的。所以我们要研究，学校如何才能去满足学生的需要，唤起学生的需要，消解学生在社会化过程中的矛盾、紧张与冲突。这需要艺术，李涵校长提出了"文化浸润"、"爱心涵养"与"行为强化"的教育策略，这是很有意义的。

文化浸润就是把社会的道德期望像水一样慢慢地滋润着我们的幼苗、小树。润物无声，潜移默化。

爱心涵养更多的是消解学生在社会化过程当中他的一种紧张、对抗，同时又是唤醒学生的需要。爱心涵养就是要使他们理解：在社会中，他并不是单个的人。他享受着他人的爱，为此，他也要付出自己的爱，他需要别人的责任担当，同时，他也要承担其他应当担当的社会责任。

行为强化就是对学生预期的良好行为及时地肯定。

把这三个方面结合起来，通过文化浸润、爱心涵养以及行为强化，学生的德性是能得到有效提升的。

第四方面的感悟是，关于个性。由于时间关系，这点我就不展开说了，只想简单地说几句话。个性是"我的再生"，是融入社会中的个体独特性的展现。在报告当中，李涵校长说：可能在别人眼中李校长是"另类"的。其实可以这样说：每个人在别人眼中都是另类的，不可能是相同的。李涵校长在我眼中肯定是另类，和我不一样，我在李校长眼中也是不一样的。比如说最简单的，我刚才坐在那里想打瞌睡，但因为李涵校长的报告和家长、校友的报

8 教育与学生的天性、德性与个性

告都很精彩,所以振奋起来。为什么呢?事实上,在一般情况下,如果上午没有课,或者没有重要会议,我这个人没有在早上七点钟点之前起床的习惯。相信各位校长早上七点钟之前肯定起床了,中学校长很辛苦,要赶在学生到校之前。我今天早上六点五十分起床,就没精神了,另类吧?和别人不一样就是另类。世界因另类而丰富,世界因另类而多彩。当然,另类的个性,往往是创造的源泉。所以我期待着我们有更多有个性的、另类的校长创造中国教育丰富多彩的阳光灿烂的明天。

谢谢!

> 世界因另类而丰富,世界因另类而多彩。当然,另类的个性,往往是创造的源泉。

"用心"书写的教育*

尊敬的张绪培厅长、陈立群校长与各位同仁：

中午好！今天上午，陈立群校长作了"教育：爱与责任的事业"的报告，使我们很受启发。由此，我们对教育似乎有了点新的认识。下面分三点来谈一谈我的新认识：

第一点，人是教育的出发点。我们以前也讲人是教育的出发点，以学生为本，注重学生的发展。今天听了陈立群校长的报告，我们深化了对这个问题的认识。作为教育的出发点，陈立群校长给我们区分了人、孩子、学生，不是所有的人都是孩子，除了孩子还有成年人；不是所有的孩子都是学生，还有失学者。那么所谓人是教育的出发点，人是教育的逻辑起点，在我看来陈立群校长想强调我

---

* 本文是在陈立群教育思想研讨会上的点评。陈立群，男，杭州市长河高级中学校长，澳大利亚伊迪斯科文大学教育管理学硕士，享受国务院特殊津贴。他教育讲演的题目是："教育：爱与责任的事业"，载《教育：培育美好人性》，华东师范大学出版社，2012年版。

9 "用心"书写的教育

2008年与陈立群校长（左）在杭州交谈

们的教育应回归人性，并把它作为考虑教育问题的新起点。作为校长，我们每天见到的就是学生，而忘了他们是人，是孩子，最后才是学生。回到教育的原点，将使我们对教育的本质有更深刻的认识。一位名人说过：什么是文学，文学是研究人，描述人的。我们读一本小说，通过研究人，看到的是人性。借用这句话，教育是什么，教育是研究人、培育人的活动。所以研究人，就要根据人性的需要去培育他们，去发展他们。在这个意义上，今天回过来确实加深了我们对教育逻辑起点的认识，这个人是特定的人，是回归本质的人，然后才是孩子，是孩子的教育，是学生的教育。

第二点，"爱与责任"是教书和育人的结合点。作为教师的任务是教书育人。其实教书育人是两个概念的结

作为校长，我们每天见到的就是学生，而忘了他们是人，是孩子，最后才是学生。

教育是什么，教育是研究人、培育人的活动。所以研究人，就要根据人性的需要去培育他们，去发展他们。

合，它们是可以分拆的。第一个概念是教书，教书是手段；第二个概念是育人，育人才是根本。通过教书的手段来实现育人的根本，要有一个结合点，不同的结合点就会有不同的育人效果。任何教育最终都是育人的，如果没有爱和责任的教育，可能培养的是一个冷漠的人，甚至是一个反社会的人，即使高智商的人都有成为反社会的人的可能。所谓爱与责任在这个意义上，在我看来是教好书，育好人的结合点。

教育要培养能承担社会责任，具有充满人文关怀的人，就特别需要我们关注爱与责任的问题。事实上，爱与责任的培育不仅仅是教育的目的，其实，也是手段。我非常同意张厅长刚才谈到的这一观点：爱与责任的培育不仅提升学生的道德情感，同时，它也极大地提升了学生认知的动机水平以及他们审美情趣与创造美的能力。在这一意义上，我以为，长河高中强调的爱与责任实现了教育目的和教育手段的结合，找到了学校教育的转化点和统一处，这对我们是很有启示的。

第三点，"用心"是提升办学质量的制高点。提高办学质量要用心，我们都在用心地办学。我们所谓的"用心"是相对"用脑"的。办学需要用心，校长要用自己全部的身心去办学，就是说用全部的心思去感悟教育，用全部的心思去体验教育，用全部的心思去办好教育。因此，这里所谓的教育从学生开始，就是要用心去理解学生，用心去体验学生，用心去育好学生。用心非常重要。

其实用心也有两种水平。第一种是有意识的用心，办

9 "用心"书写的教育

好学校要用全部心思。第二种是下意识的用心，是自由的，不加思考的用心。这种用心的"心"是已经内化了的"心"，就是说用心已经融化在我们的血液中，不加思考的、无意识的，达到这样的境界，那才是真正的教育家。听了校友、家长和学生的介绍，我们更能体会到陈立群校长确实是在用心办学，而且是在自由地

收到一只树袋熊

用心，不是故意追求用心。这给我们树立了一个榜样。我们是"人民教育家论坛"，我们希望中国有大批教育家，教育家一定要能自由地用心的。教育家要用脑，更要用心，尤其是用已经内化的"心"去办好学校。我们感动着，为陈立群的教育思想和实践所感动。

附带着说，其实我们感受陈立群今天的报告"教育：爱与责任的事业"也是用心在写的，他是用脑写的，更是用心写的，我为陈立群的思想所感动，其中有句话：最感动的一定是你最为缺失的。我想这句话讲的是有道理的，我写文章是用脑写的，不是用心写的，所以我的文章感动不了别人，他的文章能感动就是因为他在用心写，这点不一样。所以我的文章比较逻辑、比较学术，这是我陈玉琨的所长。但确实不是在用心写这篇文章，陈立群校长在用心，所以他的文章能感动人。尽管陈立群校长既是用脑的也是用心的，但相比较而言，他用脑不如陈玉琨，所以他

的论文还有很多地方存在逻辑方面的问题,很多概念还需要仔细斟酌。当然这几年陈立群校长的思想在不断升华,陈立群校长用十年的时间用心在写一篇关于爱与责任的论文,我相信陈立群校长以后还会用一辈子的时间去写好这篇大文章,这是值得我们学习的。

衷心祝愿杭州长河高中的明天会更加辉煌,更加美好!杭州的教育,浙江的教育正因为有这样一批用心的校长在书写这篇大的论文,所以她一定会把中国的基础教育引领到更加灿烂的明天。

谢谢大家!

10

教育：回归人的本源*

尊敬的程显栋校长、各位校长：

前面我们听了程校长教育思想的讲演，以及学生家长、校友、学生的发言，很受启发。从我个人来说，我想说三个方面，一是我们要研究教育的本意。我以为程校长的报告很好地找准了教育的原点在哪里，教育的本意是什么；二是作为教育工作要研究教育的价值取向，教育究竟为了什么；三是教育的策略和行动。

一、教育的本意

有人说，教育是生活的准备，美国著名的哲学家、教育家杜威告诉我们，教育即生活。刚才沈玉顺博士从六个

---

* 本文是在程显栋教育思想研讨会上的点评。程显栋，男，深圳市南山区前海学校校长、党支部书记，中国英语电影课研究协作会秘书长。他教育讲演的题目是："教育：回归人的常态生活"，载《教育：为了生命的幸福成长》，华东师范大学出版社，2012年版。

程显栋在深圳南山前海学校

所以，如果不关注学生在校的这12年，这22年，不能让学生在学校有一个正常的生活，我想这样的教育是残忍的。

方面对程校长的报告作了分析。我认为分析得很好，而且也提到了这一点。在我看来，可能更准确的一点是，教育当然是为社会、为生活准备的，但是教育更是社会生活本身。孩子在学校度过自己的童年，甚至度过了青年。我一直谈到这样的事实，现在我们小孩如果读完高中，在学校度过了12年，读完本科，在学校度过了16年，读完了博士，22年，博士后24年。人的24年在学校生活，如果生命是70多岁的话，就是一辈子的三分之一。所以，如果不关注学生在校的这12年，这22年，不能让学生在学校有一个正常的生活，我想这样的教育是残忍的。所以，我们要回归教育的本意，使我们的孩子有一个正常人的生活。

这使我想起浙江省杭州长河高中陈立群校长去年在《人民教育》上发表的文章，讲到教育的起点，提到三个概念：人、孩子、学生。我们作为校长看到在学校的每一个孩子都是我们的学生。其实，从一个教育工作者来说，你还要研究更深层次的人和孩子的问题。从这三个概念来说，最初的出发点肯定是人。不是所有的人都是孩子，不是所有的孩子都是学生，还有失学的孩子。所以，你要把孩子当作人，把学生当孩子，知道他们的天性，才能从人的天性出发，使他们能遵循自身发展的规律，在享受我们今天学校生活的过程中，能够不断增加自己的才能，最终成为一个对社会有用的人。

在不少学校，我们的学生走进校园就有一种紧张感，

10 教育：回归人的本源

有一种恐惧感。我们的学校应当成为这样的吗？同样的孩子到了前海学校，就感到放松了、愉悦了，这样才能健康地成长。说到底，学校不能成为摧残孩子心灵的场所，应当是孩子享受生活的乐园。昨天我引用程显栋校长的一句话：教育无小事，教育也没有大事。此外程校长还有一句话我认为是非常值得我们借鉴和思考的，他说：要让学生把要学习的东西变成好玩的东西。孩子喜欢玩是天性，从他们的天性出发，这样的教育一定是事半而功倍的。违背孩子的天性，我们的教育一定是事倍而功半的。不同的教育最终造就的人是不一样的，学生最终带着阴暗、带着恐惧的心理走上社会，这和他们带着自信心理走上社会有很大的不同。所以，在这个意义上，我们的学校教育既是孩子未来生活的准备，更是孩子当下生活本身。

> 教育无小事，教育也没有大事。

二、教育的价值取向

教育为了什么？这个问题我想从乔布斯说起，如果我们这个世界没有乔布斯会怎么样？现在乔布斯是没了，我的意思是如果没出现过乔布斯会怎么样？其实，你仔细想一想，没有乔布斯也不过如此，少了一个 iphone 或者 ipad 而已。古代社会是为了人的社会，发展经济是为了人的需要。现代社会倒过来了，异化了，经济的发展是我们追求的目标，人是经济发展的工具。这是现代社会可悲之处，马克思主义的经典作家早就对这种现象进行过严厉的批判。人们为了挣更多的钱，可以不择手段，包括乔布斯，iphone 在中国的代工厂伤害了多少中国工人。这是社会发

卓越校长的追求

展异化的结果。为了钱可以牺牲人，不知道挣钱又是为了什么。2002年我去过芬兰，芬兰的一位导游问我，你知道在北欧谁最有钱？当时根据我有限的知识，我以为是瑞典，所以我说是瑞典人。但是她说，在北欧，最有钱的是中国人，紧跟着她又说了，中国人穷得只有钱了。人家是很鄙视你的，不知道生活，只知道往银行里存钱。这种异化在学校中的表现就是，教育把人忘了，只记得知识，人成为掌握知识的工具，人成为技能发展的工具，最后培养了一大批没有灵魂的工具。因此，在这个意义上，我以为前海学校的价值选择是为了人的教育。"人"才是我们教育的出发点，"人"才是我们教育的最终归属，当然，这个人既可以是个体的，每一个学生，也可以是群体的。国家的发展，民族的发展，最终还是为了人的发展。钱是为人服务的，人不是为钱服务的。我以为这是社会发展的常态，教育也应当有这种价值取向。教育究竟为了什么？前面说了教育是什么，现在说教育为了什么。为了什么？这个命题，作为一个校长应当有一个明确的认识，不断地明晰起来，那么我们的教育，我以为会有很大的突破。基础教育就不会有那么多的纠

教育把人忘了，只记得知识，人成为掌握知识的工具，人成为技能发展的工具，最后培养一大批没有灵魂的工具。

2005年在新加坡

10 教育：回归人的本源

结。现在就是因为我们对教育是什么不清楚，怎么办教育不清楚，教育为什么更不清楚，这是很可悲的事情。

三、教育的策略

程显栋校长提出的"四会五能"在我看来尽管是不一定很合逻辑的，但它是很有用的。他把为了人的教育具体化了。如果没有一个突破口，没有一个把手，再好的理念也都是空洞的。落实就要找到把手，就要关注细节。前面讨论了王洋教育思想，王校长谈到了博雅教育，我说了三句话：不能没有博雅教育，不能只有博雅教育，可以不叫博雅教育，但是一定要有博雅的追求。今天第三句话我找到了，其实程显栋校长那里也是博雅教育。"四会五能"中的"五能"和雅典的"七艺"也是差不多的，差别就在后者非常关注几何、算术。所以，千万别把博雅教育当作只是注重文科的人文教育。博雅教育是文理兼通的通识教育，是培养人最基本素养的教育。能唱一首歌，会玩一项乐器，都是人享受生活、发展自己的重要方面。所以我说，你可以不叫博雅教育，但是你所做的事实上也就是博雅的工作，它是使一个人养成人应该有的那些素养。

所以，从这三个方面来说，我以为程显栋校长在前海学校的理念、思想和操作都给我们提供了很多启示。我们也衷心祝愿，在程显栋校长的带领下，前海学校能创造更多的经验。

谢谢大家！

> 不能没有博雅教育，不能只有博雅教育，可以不叫博雅教育，但是一定要有博雅的追求。

11

教育：铭心相约[*]

尊敬的叶翠微校长与各位同仁：

刚才听了叶翠微校长充满激情的报告，我想谈一点个人感受。叶翠微校长的"铭心相约：与祖国共命运，让师生心连心"是充满内涵的。其要点有三："约在共同愿景"，"重在心心相印"，"难在知行合一"。

首先，铭心相约，约在共同愿景；铭心相约，约在教育的交集。"交集"原本是个数学概念，A是一个元素，B是第二个元素，A与B有共同的部分，这个共同的部分就叫做A与B"交集"。所谓教育的交集，既是属于教师的，也是属于学生的，既是校长的，又是学校的，只有共同的

---

* 本文是在叶翠微教育思想研讨会上的点评。叶翠微，男，浙江省杭州第二中学校长，澳大利亚堪培拉大学教育领导学硕士，现担任中国教育学会高中教育专业委员会理事会副理事长，2009年全国教育系统先进工作者。他教育讲演的题目是："铭心相约：与祖国共命运，让师生心连心"，载《教育：培育美好人性》，华东师范大学出版社，2012年版。

11 教育：铭心相约

才有可能铭心相约。杭州二中的"铭心相约"就是约在共同愿景。叶翠微校长借用该校赤子之钟的一段铭文："我们在此铭心相约：一切皆不能将我和祖国的命运分开，无论是天灾，还是人祸，是金钱，还是权势，是疾病，还是劳累。"在论文中，他又强调："铭心相约意味着师生有共同的价值追求。铭心相约意味着与祖国同命运，与人民共呼吸；意味着学子们承担了为民族复兴和天下大同而求索奋斗的责任。"这就是杭州二中教师与学生理想的交集，

与叶翠微校长（右一）一起参观中山学校

卓越校长的追求

追求的交集。在杭州二中，不管是教育者，还是受教育者，都是为了这样的追求共同努力着。

在杭州二中，这个交集还在于是人类的精神追求：对真、善、美的追求，对真的向往，对善的追求，对美的执着。比如杭州二中在校同学表达的对化学竞赛的热爱，就源于他们对化学大美的感受。也正是对真、善、美的追求，师生才揪心于对化学的滥用，道德的沦丧，由此，我们才能铭心相约。学校的任务是不断扩大这种交集，既属于教师的，也属于学生的，既属于校长的，也属于学校的，属于每个人的，"铭心相约的教育"，它让我们懂得教育的共同愿景，共同追求。这是我的第一个感受。

第二，"铭心相约"，重在心心相印，也就是以心"换"心，以心"唤"心。教育工作就是这样，一个是"换取"，一个是"唤醒"，两方面缺一不可。叶校长在讲演中特别强调老师、学生的包容，强调人化课程、人化环境、人化制度的建设，我以为这是以教师之心"换取"学生之心，以学校之心"换取"师生之心的非常有效的教育手段。杭州二中强调以人为本，建设人化校园的出发点，是有非常重要的意义的。从这一方面来说，叶翠微校长的铭心相约教育是非常成功的，成功不是偶然的，是因为有着这样的基础。但是，仅仅有这样的基础还远远不够，还要以心"唤"心。这个"唤"就是"唤醒"。唤醒意味着价值引领。教育是一个社会化的过程，很需要有校长对老师，有教师对学生的引领，没有引领就没有教育。在同一水平上的心与心的交换不是教育，教育一定存在着认知、

11 教育：铭心相约

情感的差异，教育需要引领，这是国家、社会赋予教育工作者的神圣责任，"唤醒"也是很重要的方面。叶翠微校长在文章中特别强调精神和思想的解放，很值得仔细研究、探讨，很有示范价值、作用。这是我的第二个感受，铭心相约，重在心心相印。

第三，铭心相约，难在知行合一。叶翠微校长的报告生动、感人，令人振奋，校友、家长、在校学生所陈述的事实和感受也令我们怦然心动，确实让我们感受到杭州二中在践行"铭心相约"教育方面所取得的成效，确实让我们感受到杭州二中作为全国一流名校的魅力所在。铭心相约，难在知行合一。思想是思，实践是行，叶校长的报告以行动作为铺垫，做法可以借鉴，但思想更富启示。叶翠微校长可能没有时间参加前一位校长的思想论坛，今天稍有缺憾，叶校长汇报的是"我的教育实践"，而不是"我的教育思想"。我认为，能够示范、引领、推动一个地区教育发展的，不是具体做法，实践重要，背后的思想更为重要。假如不能把我们的做法、言论背后的思想挖掘出来，那就没有达到应有的层次，从这个意义上说，言行统一是更高的要求、更难的要求。

今天的研讨会非常成功，非常圆满。感谢杭州二中、学生、学生家长给我们提供的精神大餐。相信在浙江省委、省教育厅、省教科院的支持和帮助下，在叶校长的带领下，杭州二中的明天更加灿烂，更加辉煌，更加美好！

谢谢！

> 能够示范、引领、推动一个地区教育发展的，不是具体做法，实践重要，背后的思想更为重要。

12

教育：让生命幸福成长[*]

尊敬的高玉峰校长，各位校长：

今天我们非常高兴，这是论坛的最后一个压轴报告。听了高校长的教育思想讲演，以及家长、校友、学生的发言，我想先来解读一下高玉峰校长呈现的报告：生命的幸福成长，先对这个主题做个解读。

生命的成长，当然，高校长加了一句，幸福地成长。如果没有教育，我们生命的成长是自然的。人们发现过狼孩，他没有社会化。有了教育以后，人走向社会，人的生长不再完全是自然地成长。当然，生命的成长总是有自然成长的成分，不管在任何时候。因为有了教育，成长的轨迹发生了变化，于是有幸福的成长，也有不幸的成长。遗

---

[*] 本文是在高玉峰教育思想研讨会上的点评。高玉峰，男，河北省邯郸市第一中学校长，物理特级教师，河北省十届人大代表，曾获河北省师德先进个人等称号，享受国务院特殊津贴。他教育讲演的题目是："教育：为了生命的幸福成长"，载《教育：为了生命的幸福成长》，华东师范大学出版社，2012年版。

12 教育：让生命幸福成长

憾的是，我们今天的教育，使不幸的成长成了常态。所以，我们现在要大声疾呼：让生命能幸福地成长。如果说现在有了教育，我们的成长就变成了不幸的成长，这好像又言之过于极端，可能并不符合现状。在现实的学校中，更多的是，有时候是幸福的成长，有时候是不幸的成长。有时候是幸福多于痛苦的成长，有时候是痛苦多于幸福的成长。这取决于我们的学校，在很大程度上取决于我们的校长和校长的追求。

有一首歌唱道："有妈的孩子像个宝，没妈的孩子像根草。"有没有妈决定孩子是否幸福。其实，在学校中，老师、校长的理念和追求在很大程度上决定着孩子是幸福的还是不幸的。当然了，我前面讲了一定是幸福的还是一定是不幸福的，这个过于简单。各位校长回去分析一下，自己所在的学校的孩子究竟是幸福更多一点还是不幸更多一点。不管怎样，我还是要强调，由于我们的校长对教育的本质有了更深刻一点的认识，在我们努力下，学生的幸福就会今天比昨天多一点，明天比今天多一点，这就是我们孩子的幸福。如果有这样的追求，我们的教育会越办越好，孩子越来越幸福。这是我想和大家交流的第一个感悟，对主题词的解读。

让生命能够幸福地成长对校长与教师的要求。从学校来说，为了能够让生命能够幸福地成长，关键在哪里？我想借用一个文学家的话来说：幸福的家庭都是一样的，不幸的家庭各有各的不幸。对我们学校教育，这句话也是完全适用的。幸福的教育是相同的，一定是学校能坚守教育理想，正确把握教育价值的选择，遵循教育的规律，这是肯定的，正因为有这些相同的东西，我们才有相同的幸福感。不幸的原因则多种多样，其中可能最根本的是，或者说最典型的，有两个方面。在文集中，我写了个"总序"，借用了浙江省教育厅原副厅长张绪培的两个观点："很遗憾，现在学校中，我们的教育还大量存在反教育、假教育的现状。所谓反教育即违反教育规律的教育，论分不论人的教育，无视孩子兴趣的教育，忽视学生人格的教育，不把人当人的教育，它根本上违反了教育的本意。所谓假教育是行教育之名，做敛财之实的教育，校长把学校当跳板，教师把教育当成谋取自己私利的手段，贩卖文凭是假教育的典型。"反教育的现象在我们学校有没有，我不敢说，在我们在座的各位校长的学校中，我认为也有一定程度地存在。假教育有没有，也不敢说，在座的各位校长有没有把这个校长职位当作跳板，我们学校有没有教师借着教育人来实现自己私利的？如果存在这样一种状况，那么学生在这个学校的发展，生命的成长是不可能真正幸福的，或者说他的幸福时常

2012年3月在马来西亚讲学

会受到痛苦的干扰。为此,我们呼吁真教育和正教育。

正因为如此,所以我们要特别关注,实践生命幸福成长教育的关键,要有校长的担当,对规律的遵循,要有正确的价值选择。我们的教育究竟是干什么的?希望我们每位校长能对此做出正确的回答,这是我认为非常重要的方面。

第三,落实生命幸福发展的关键要素。要让孩子的生命在学校幸福发展和成长,其实并不是一个理念就能涵盖的。我非常欣喜地看到,高校长在这方面是做了很多努力的,提出了一些非常坚实的主张,在邯郸一中也得到了很好的落实。我在这里把一些关键点再罗列一下。

在一个学校使得学生的生命能够幸福成长,首先需要校长努力构建学校文化,依靠文化来加以引领。文化如水,滋润万物。文化影响着我们学校每一个环节。我们非常欣喜地看到,高校长提出在学校工作中,有三项核心师德,有四大职业素养的培养,有五种敬业精神,"三四五"这样的核心文化观念,保证了学校每一个教师是立足于学生的,保证了教师始终是以生为本的。这是对我们有启示意义的。其次,聚焦课堂,以课堂为本。教育改革离开了课堂,是很难实现的。课堂是实现教育目标,落实教育理念的根本途径。学生的变化绝大部分都是发生在课堂之中的,学生幸福还是不幸也是在课堂之中得到感受的。如果课堂是摧残人的,学生生命的幸福成长只能是一句空洞的口号。如果课堂是充满生命活力的,那一定能使学生享受着一份愉悦的学习的过程。为此,我们要加强教师队伍建

卓越校长的追求

设，努力提升教师水平。我一直强调这样的观点，教育是传递智慧的，因而，它也必须是充满智慧的，它需要教师以智慧的方式，智慧的手段传递智慧。这才能使我们的学生以最少的痛苦实现最幸福的生命成长。

除了课堂之外，从中学教育来说，还要抓住评价激励这一要素。这在高校长的报告中也做了很好的说明。为促进人的幸福成长的评价一定是关注激励的。用我们的话来说，它是内生的，指向发展的，是注重教师主体意识不断提升的，而不是把评价当作大棒，监管教师，把评价当作手段压迫教师，如果是这样一种评价，教师不会幸福，教师不幸福，一定会传染、会传递，传染和传递的结果就不可能在学校中有生命幸福成长的教育。在这个意义上，落实生命幸福成长的教育，整个工作是促进学生的成长，而且是幸福地成长。既是追求未来幸福的成长，更要使我们每一天的生活都充满幸福，使学生能享受愉悦地成长。

当然，要达到这样的境界，我们要有理念的引领，也要有实践的举措。实践的举措不管是文化建设也好，还是课堂教学也好，评价激励也好，还是高校长谈到的学校管理的扁平化，我认为对我们都有非常重要的启示意义。

学校确实是一个非常复杂的复合体，它需要校长精心地加以研究，认真地把握规律，关注教育的每一个细节。这样，我们的学校发展，一定会充满阳光，敞开发现，然后才有生命幸福地成长。能达到这样一个境界。衷心祝愿邯郸一中能在高玉峰校长及其同仁的共同努力下越办越好，走上新的台阶。

借这个机会，我想向大家表示歉意。每一个校长的办学都是用心良苦的，中学校长培训中心也从我们校长那里学到了大家的这个优秀品质。因为各方面的努力，这次研讨会上海这一站非常成功，这个成功归功于我们校长，归功于各位与会的代表，当然，培训中心的各位同仁也为会议做出了自己的努力，无论是会前、会中还是会后。然而，因为受华东师范大学60周年校庆的影响，住宿、餐饮等方面有很多不当之处，请允许我代表中学校长培训中心向大家表示歉意。也希望得到大家的谅解。另外，从会议的细节来说，其实还有很多值得改善的地方。有了各位校长的精心投入，学校会办好，我们培训中心如果能够更加投入，培训中心也会办得更好，也就一定能为我们的校长提供更优质的服务，使校长在走向教育家之途会更加扎实，步履会更加矫健。我相信通过我们大家共同的努力，教育家辈出的时代，教育家办学格局形成的时代一定会早日到来。

祝各位事业成功！祝各位校长所在的学校蒸蒸日上！
谢谢大家！

13

让学生多元发展,为社会提供多样化人才*

尊敬的孙先亮校长与各位同仁:

今天孙校长做了一个非常精彩的报告,校友、家长和学生从各方面作了补充。我简要地和大家交流一下感悟。

从孙校长的讲演中我思考了四个问题:第一,学生明天的发展一定要以牺牲今天的快乐为代价吗?第二,明天的发展对今天的教育依赖在哪里?第三,今天的教育能为明天的发展提供什么?第四,学生今天的学习和明天的发展统一的基础何在?

关于第一个问题:在中国人眼中,"吃得苦中苦,方为人上人",明天的发展是可以以今天的痛苦为代价的。孙校长用两双鞋的故事对此做了具体的诠释。对未来的选

---

* 本文是在孙先亮教育思想研讨会上的点评。孙先亮,男,山东省青岛第二中学校长,曾获全国教育系统先进工作者、山东省优秀教育工作者等荣誉称号。他教育讲演的题目是:"以孩子今天愉快学习,促明天终身发展",载《教育:从自发走向自觉》,华东师范大学出版社,2012年版。

孙先亮（中）在苏州清华科技园

择决定了你今天要做什么事，这对我们很有启示意义。我曾在上海东方电视台的"世纪讲坛"谈过"学习的代价"。基础教育阶段每个人的学习都是要付出代价的。代价有大有小，学习的代价一是学费，但在公办学校，这几乎可以忽略不计；二是"机会成本"，三年的高中放弃了挣钱的机会，在今天的中国，这一成本也不算大。其实就基础教育来说，学习最大的代价是身心煎熬，要放弃诸多的兴趣和爱好。在我们今天的学校中，人们又把这个代价推向了极致。有这个必要吗？作为一个教育工作者，我们对这一问题是需要认真思考的。这是必要的代价还是非必要的代价？让学生感到十分痛苦，对他的未来发展又没有意义，这一代价必要吗？

> 就基础教育来说，学习最大的代价是身心煎熬，要放弃诸多的兴趣和爱好。

关于第二个问题：教育就是人社会化的过程，走上社会之后，学生明天的发展对今天的教育有什么依赖？可能对大多数学校来说，今天的教育就是给学生提供基础知识

卓越校长的追求

和基本技能，这是必要的，可更重要的是今天的教育能为学生明天的发展奠基，亦即终身发展奠基吗？这是非常抽象的概念。终身发展的基础在哪里？这和社会的选择、学生的选择是联系在一起的，即，这是一个价值选择的过程。价值选择决定了你究竟对今天的教育有什么依赖。吴教授提了一个非常严肃、中肯、重要、基础性的问题：当下，我们似乎谁都对教育不满意，但谁又都不需要承担责任。我以为这就是我们学校教育中需要厘清的重要问题，社会承担什么？家庭承担什么？学生本人需要承担什么？如果此问题不厘清，今天的发展、今天的愉快就很难搞清楚。为什么应试教育很难改变，素质教育举步维艰？我以为这几年在基础教育改革、素质教育推进方面取得了不小成就，涌现了一大批带头人、改革家，取得了很大的成绩。但是，就是在这样的情况下，为什么应试教育还是那么难以撼动，

与台湾教育同仁合影

13 让学生多元发展，为社会提供多样化人才

素质教育还是那么难以推行？原因在于一元化的价值选择。什么是明天的发展？明天的发展就是要当官，当更大的官。这就是我们的选择。如果还有第二条选择的话，那就是挣钱、挣更多的钱。除此之外没有什么其他的目的。人自身的价值在哪里？当官？挣钱？人自身就异化了。

2002年，我和国内的一些校长一起到芬兰去考察。芬兰教育最重要的特点是"顺应自然"。每个孩子的兴趣爱好各不一样，家庭、学校充分地尊重孩子自己的选择，学校以多样化的人才满足社会多样化的需要。芬兰已经普及了高等教育，但是并不是每个高中毕业生都想上高校的，更不是每个学生都想上名牌大学的，因而，应试教育就没了市场。所以，我说：应试教育不全是学校的事，社会与学生家长有很大的责任，但是，绝对不能说，应试教育不是学校的事，学校就没有责任。学校在为升学率，为一本的升学率，为名牌大学的升学率而奋斗，根本就忽视学生的兴趣爱好，以及人格与精神的成长，这有利于学生的成长吗？

> 芬兰教育最重要的特点是"顺应自然"。每个孩子的兴趣爱好各不一样，家庭、学校充分地尊重孩子自己的选择，学校以多样化的人才满足社会多样化的需要。

在这个意义上，就学校教育来说，学校教会学生进行价值选择更为重要。我认为学生的兴趣爱好、情感品行比基础知识、基本技能更为重要。当然，作为一个人还要有对社会、国家的责任感，有家庭责任的担当等，这肯定是价值选择的问题，是学校教育要考虑的至关重要的问题。作为教育工作者要有自己的价值选择，也要让学生学会价值选择。

> 在这个意义上，就学校教育来说，学校教会学生进行价值选择更为重要。

关于第三个问题：今天的教育能为明天提供什么？我想起王俭的博士的论文，关于"价值中立"与"价值引领"的博士论文。价值中立就是别强加于人。现在的学

校、家长都有一些强加于人、强加给孩子的做法。要当官、当大官，要挣钱、挣大钱是不少人的基本价值追求。几千年来中国奉行"学而优则仕"，学好了就是为了当官。社会、学校也有意无意地强加于人，有些高中高考前打出"离高考还有××天"等横幅，做最后动员，强加给学生。什么是价值中立？作为教育工作者，在学生选定了未来生活后，教师应当帮助学生，可以告诉他，以后的道路该怎么走。但未来选择怎样的生活，选择权在学生自己，这就是价值中立。但是任何一个社会不可能让学生价值完全中立的。教育一定要引领，这叫价值引导。我们要引导学生从容地面对明天的社会，承担起振兴民族的责任。在这个意义上，明天的发展对今天的教育依赖与价值选择有关。今天中国的教育亟待摆脱唯升学率是举的局面，让学生多元发展，为社会提供多样化的人才。

最后一个问题：今天和明天的统一在哪里？价值的选择和认同都是学生自己的事，所以这是学生自主发展的题中应有之义。刚才家长、校友、学生清晰地描述了他们在青岛二中一种主体性的、自觉的发展，给我们留下了非常深刻的印象。

自主发展是把今天和明天联系起来的桥梁；教师的专业提升，还包括校长对学校教育的前瞻性的研究，这也构成了一个能把今天和明天统一起来的基础。

期待着二中能创造出更多的教育经验，期待在二中经验基础上各个学校有更多的创造！

谢谢大家！

14

美好人性的培育,一种教育的价值选择*

尊敬的李辛甫校长与各位校长:

刚刚我们听了李辛甫校长的报告,这个报告对我们非常有启发,在听李辛甫校长介绍的时候,我也在不断地思考,这一思考主要围绕着下面三个方面的问题。

第一,我在思考所谓理性和人性的关系问题。现在我们常常把理性和人性对立起来,讲美好人性的培养好像就可以忽视或轻视科学理性。我以为李辛甫校长比较好地把握住了这个问题。当我们在特别强调美好人性的时候,千万要记住,科学理性仍然还是非常重要的。那么,什么是理性呢?可以这样说,理性是人所独特的、独有的。人之外的其他动物是不具有理性的,所以有时候我们把人称为"理性的动物"。如果要给人一个最简单的定义,人是什

---

* 本文是在李辛甫教育思想研讨会上的点评。李辛甫,男,浙江省新昌县澄潭中学校长、党支部书记。他教育讲演的题目是:"教育:培育美好人性",载《教育:培育美好人性》,华东师范大学出版社,2012年版。

李辛甫校长在办公室

么?人是理性的动物。人首先是动物,当然和其他动物不一样,人是理性的。既然人作为一种理性的动物,理性就是人区别于动物一种最根本的标志。人性是一定包含理性的,而且理性是人性的最高水平、最高层次,理性是人性的一个重要组成部分,是最高层次的组成部分。否则人为什么被称为是一种理性动物,为什么理性能够把人和其他动物区分开来?这就是理性的意义,理性的价值。

既然理性如此重要,那么为什么我们今天要特别强调美好人性的培育呢?事实上,今天我们强调美好人性的培育是一个具有强烈现实针对性的问题。随着人的理性发展,人们对社会、对自然、对人自身的认识越来越深刻,理性程度越来越高,随之理性也被异化了。就像科学的异化、权力的异化一样。权力本来是人们赋予官员的,是我给你的权力,结果你拿着这个权力来统治我、来掠夺我、来欺诈我,这就是权力的异化。同样,所谓理性的异化是指,它本来产生于人性,但是,随着人能力的提高,人变得越来越"理性",就是把功利的、个体的、物质的追求放在了第一位。而把人的生命、人的尊严、人的精神放到其次的位子上。其实随着社会的发展,理性它应该更尊重人的尊严,更敬畏人的生命,这个是人之为人最基本的,尽管理性它是高度发展的。处理好这种关系在我看来是非常重要的。

其实,理性至少有工具理性与价值理性之分。工具理

> 其实随着社会的发展,理性它应该更尊重人的尊严,更敬畏人的生命,这个是人之为人最基本的。

14 美好人性的培育，一种教育的价值选择

性追求效率的最大化，价值理性关注的是人的价值选择。遗憾的是：在整个社会文明进步的过程中，工具理性得到了极度的张扬，功利主义、物质主义得到了极大的放大，以致出现了相当程度人性的异化，使得生命的意义、精神的价值与人的尊严等等至关重要的问题被很多人所忽视了。在这一方面，李辛甫校长已经列举了大量的事例，使我们对这个问题有了更深刻的认识。在这样一个背景下，我们不难看出学校特别强调美好人性的培育的现实意义。在后面几天，我们在杭州二中、长河高中、苏州十中，大概都会听到一些校长更深刻的讲演。

我们强调美好人性的培育，是有现实针对性的，它没有也不应该以忽视科学理性为代价，科学理性仍然是重要的。当然，工具理性的过度张扬，给社会文明带来越来越严重的后果，这是需要我们认真关注的。这就是我们今天在这里讨论培育美好人性的意义与价值。

第二，继承和创新的关系问题。李校长对中国传统文化作了尖锐的批判，在这些批判中有很多很深刻的见解。作为当代人，今天我们回过来看待历史，一定要有正确的视野，正确的眼光。没有正确的视野与眼光就有可能把问题看偏了。

首先，看历史就要有历史的眼光。历史唯物主义要求必须要用历史的眼光看待历史事件，就是把历史事件放在历史发展的长河当中去研究。中国五千年，你不能用今天的观点来解释两三千年以前的事情，如果你用今天的眼光去看待历史事件，可能你根本不能够解释一些历史现象的

卓越校长的追求

2009年7月教育部李卫红副部长在优秀校长班的报告

产生与发展。所以正确地理解历史,首先是以历史眼光来看历史问题的。

其次,解释历史或看待历史一定是以多元的眼光。所谓多元的眼光就是不同角度的眼光。一个历史现象,你从哲学的角度看,与从文学的角度看,抑或从经济学的角度看,结论是不一样的。历史就是历史,它是发生在那个时代的,是从那个时代的实际出发的,是那个时代综合的反映,因此,今天我们看历史就需要多元的眼光,不能只看到历史的一个侧面。多维度的研究才有可能获得正确的结论。

最后,看历史就需要用客观的眼光。现代人看历史往往是带着主观性的眼光,带有主观投射性。什么是"主观投射"呢?主观投射是指今天的人很大程度上是把我们对社会现象的理解投射到历史上去的。把我们对今天社会的要求投射到历史事件中去,为此,我们常常会抱怨历史,诋毁历史,这绝对要不得。人类的文明是一步一步发展起来的,没有昨天的基础,就不会有今天的进步。客观地,而不是凭着自己今天的主观想象去理解历史,这是非常重要的。由此,我们对历史的解释就需要更加谨慎。在此方面李辛甫校长对整个中国文化作了一些探索,这些探索提

客观地,而不是凭着自己今天的主观想象去理解历史,这是非常重要的。由此,我们对历史的解释就需要更加谨慎。

14 美好人性的培育,一种教育的价值选择

供了他观察问题的一种思路,提出了他期待着解决这些问题的一些见解,这对我们理解历史会有一定的参考价值。

第三,主观和客观的关系。作为一个教育工作者,尤其作为一个能引领我们一个地区、引领中国教育改革与发展的一个教育家型的校长,他一定会有自己的价值选择,关于这一点我们从李辛甫校长提供的报告中可以看出,他在这方面已经作了很多深入的思考。李辛甫校长特别强调美好人性的培育,这就是一种价值选择。他特别强调学生的独立思维能力的培养,课堂教学中学生的主动参与,这就是李辛甫校长的价值选择。

在我看来,校长的所谓课程和教学领导力,核心的是对课程和教学本质的理解力,以及对课程与教学价值的选择力。校长能不能把握住课程与教学的本质,怎么去选择课程与教学,以及课程与教学究竟是关注学生的智慧还是关注学生的人格,关注学生的知识掌握还是关注学生思维能力的发展?这对确定"什么是好的课程,什么是好的教学"有重要影响。它直接关系到课程与教学的质量观,直接关系到课程与教学质量标准的确立。课程与教学的价值选择是教育价值选择的一部分。教育是合目的与合规律统一的活动。价值选择就是"合目的",因而,它看起来是很主观的。其实,作为一个教育工作者,我们更清楚地认识到,所谓"价值选择"还要立足于客观规律的基础之上。我们不能是唯心的,仅仅靠脑袋一拍,拍出一个价值选择。

李辛甫校长提出的"美好人性"的培育,这个命题的

卓越校长的追求

> 校长的教育价值选择要立足于时代发展和社会发展的客观需要基础之上。学生美好人性的培育是时代发展的需要。
>
> 在人们都把物质放在第一位的时候，美好人性的培育更是中国社会发展的急迫的需要。

提出是时代的需要，所以它是具有客观性的，尽管这是作为一个校长的教育价值的选择。校长的教育价值选择要立足于时代发展和社会发展的客观需要基础之上。学生美好人性的培育是时代发展的需要，尤其是在中国经济高速发展的背景下，在人们都把所谓"效率"放在第一位的时候，在人们都把物质放在第一位的时候，美好人性的培育更是中国社会发展的急迫的需要，中国社会发展的这些需要是客观的。

当然我们讲客观需要还要强调它是符合学生身心发展客观规律的。如果美好人性的培育不恰当地走向另一极端，变成对学生不负责任的放任，或者在方法与途径上违背了学生身心发展的客观规律，那么，这个教育就一定会失败，学校的目标也很难真正实现。

在这些方面，李辛甫校长刚才的讲演不仅介绍了他的思想，也阐述了他们学校的一些做法，这些思想与做法都很有启示的意义。它把校长主体的价值选择和对规律的客观认识很好地结合了起来。我们把它称作是"合目的性和合规律性的统一"。教育一定是合目的的，同时也是合规律的。没有对规律的认识和基于对规律认识基础上的行动，任何目的都只会成为一个空中的楼阁。而如果只懂得规律没有价值选择，他就成了一个盲人不知道自己走向哪里。所以这些都对我们有着启示的意义。

上面是我个人的一些肤浅的认识。今天的报告会从我个人的感受来看是非常成功，尤其是学校校友、家长、在读学生的发言，真的令我深受鼓舞，我们看到了新昌澄潭

14 美好人性的培育，一种教育的价值选择

中学在多年的教育改革的实践中所取得的成绩。这些成绩的取得是不容易的，我们也可以肯定地说，巩固这些成果，发展这些成果更不容易。我们期待着李校长在带领澄潭中学发展过程中再创佳绩，能够创造出更多的经验，能够以更深刻的思想感染我们，引领我们，当然也引领新昌、引领浙江、引领中国基础教育的发展。

谢谢大家！

15

关于博雅教育*

尊敬的范以纲书记、王洋校长与各位同仁：

刚才我们听了王洋校长教育思想的介绍，听了学生、家长和校友的发言，吴志宏教授也做了精彩点评，我以为吴志宏教授分析得非常透彻。那么，我现在做一个翻译，吴志宏教授用的是理论的语言，我用的是草根的语言，谈谈我真实的感受。因为王洋校长提了"文理相通，人文引领"，后面又加了博雅教育，我想说三句话。

第一句话：学校教育不能没有博雅教育，博雅追求，博雅精神。刚才吴志宏教授已经介绍了博雅教育是什么含义。博雅教育事实上产生于古希腊，最初的时候被称为贵族的教育。英国一位学者在回答博雅教育的时候用一句非常浅显的语言讲了什么是博雅教育，就是"什么都知道一

---

* 本文是在王洋教育思想研讨会上的点评。王洋，男，上海市曹杨第二中学校长，上海市物理教学委员会常务理事。他教育讲演的题目是："文理相通，人文引领"，载《教育：为了生命的幸福成长》，华东师范大学出版社，2012年版。

15 关于博雅教育

点,有一件事知道的更多一点",博雅教育培养的学生,谈数学、物理什么的,都知道,但是往深里谈,什么都不知道。通识教育是台湾的翻译,香港把它翻译成博雅教育,后来我们把它引进大陆,两种说法都有。

在我看来,博雅教育是安顿人的灵魂的教育,它不追求功利。这样讲可能大家还是不太清楚,那么,让我们来简单地回顾一下现代大学的发展历史。德国的洪堡大学,被称为"现代大学之母",它成立于1810年,这个大学的建立是因为当时法国和普鲁士的一场战争,普鲁士战败了,割让了大片土地。在这一背景下,著名的哲学家费希特在柏林前后作了14次讲演。在这些讲演中,他强调,要拯救德意志民族就应该从教育开始。当时德国的教育大臣洪堡非常赞同这种思想,为此拨款举办了洪堡大学。洪堡大学有三条办学的原则:

王洋校长(右一)与培训中心教师在澳大利亚考察

1. 教学与研究相结合。

2. 学术自由。如果没有自由的学术,不会有新的发现。现在有不少中学也开始了对学分制的研究,人们都说学分制是从哈佛大学开始的。这固然不错,但并不全面。严格地说,学分制是从洪堡大学开始的。洪堡大学的学术自由包括两个含义:第一,学术研究的自由;第二,教学自由,即教师有教的自由和学生有学的自由。教的自由和学的自由就导致了选修课的产生,没有选修课就不可能有教与学的自由。学分制是应选课制的需要而产生的。

> 教的自由和学的自由就导致了选修课的产生,没有选修课就不可能有教与学的自由。

3. 大学远离社会,关注人的人格和精神。当然,这一条,其中主要是前半条在学界现在很有争议。随着时代的发展,大学要关注精神,但也要关注社会。在高等教育史上,美国为了推动农业的发展,在19世纪末,威斯康星州就把大片的土地送给大学,这就是高等教育史上著名的赠地运动,于是就造就了一批为农业发展服务的大学。高等教育由此就产生了它的第三个功能:社会服务。要服务社会就不能远离社会。但是,高等教育应当关注人的人格与精神,这是毫无疑义的。这也是在社会功利主义甚嚣尘上之时,我国不少大学特别关注博雅教育的重要原因。

同样如此,我们中学教育在培养人的过程中,如果忽视人的精神和人格的培养,现代社会就会是像王洋校长在开篇时介绍的那样产生一系列的乱象。可以说,这个乱象是人们对中国现代社会非常不满之所在。在这样的背景之下,人们呼唤博雅教育,注重精神成长,反对过于功利的教育,是不难理解的。

15 关于博雅教育

有关方面最近做了一个调查：从"文革"以后恢复高考至今，根据统计全国出了3300名各科高考状元，结果发现这3300名没有一个是出类拔萃的。原因在哪里？是我们的教育太急功近利，太关注眼前。这是根据之一。

根据之二，《环球时报》昨天报道，这几年我国个人净资产千万以上的，一大批已经移民了，个人资产在亿元以上的，大概四分之一已经移民了，还有更多人在考虑移民。其中很重要一条，他们对中国教育不满。统计数据显示：对中国教育不满的这部分人占移民总数比例是58％。我不知道这一数据是如何统计出来的。我的直观感觉，58％这个数据是不准确的。很多人是因为种种其他原因而移民的，不方便说，所以归罪于教育。然而，对教育不满确实是其中的一个重要原因。中国教育问题究竟出在哪里？我认为，最重要的一条就是过于功利，只重眼前，只重分数，无视人的精神成长。所以，在这个阶段，我们要大声疾呼：教育要更关注学生心灵的成长，更关注学生人格的发展，安顿好我们未来一代人的心灵和灵魂。如果做不到，很难想象我们中国未来的社会会怎么发展。

第二句话：学校不能只有博雅教育。博雅教育毕竟解决不了你的吃饭穿衣问题，如果学校培养的全是精神的贵族，不强调为社会的实践服务，可以肯定地说，我们将来没有饭吃。工人不会做工，农民不会种田。只追求人格和精神，没有技能，是不够的。尤其在当代一日千里，快速发展的背景之下，我们要关注怎么和社会的实践结合，更好地为社会服务。仔细研究一下党的教育方针，教育必须

> 教育要更关注学生心灵的成长，更关注学生人格的发展，安顿好我们未来一代人的心灵和灵魂。

卓越校长的追求

教育部十一五重大课题论证会—陈玉琨发言

为社会主义现代化建设服务,这是首位的。在这个意义上,我说不能只有博雅教育。曹杨二中,它的"文理相通,人文引领"应该说比较好地把握住了这一点。如果说有个建议的话,我认为曹杨二中应该把博雅教育和人文教育的关系理得更清楚一些,人文教育和博雅教育有时候并不是在一个层面上的概念。

第三句话:中学不一定叫博雅教育,但一定要体现博雅的精神、博雅的追求。考虑到民族和国家发展的需要,中学应当充分地考虑和引进博雅教育,把人的精神安顿和学生创造力包括知识与技能的教育结合在一起,使我们学生能够有就业、创业的能力,能够为整个社会的发展提供人力资源保障,如果没有这些方面,我们学校教育是很难受到政府支持和社会认可的。作为教育工作者,我们每个人不仅承担着社会的责任,我是我,我是个个体,同时我也是华东师范大学的成员,我更是中华人民共和国的公民。每个人都承担着促进祖国的发展,振兴伟大中华民族的责任。我们不能在讲精神成长、个性发展时把自己应该承担的社会责任给放弃。当然,当我们讲为社会服务的时候,也不能忘记更为重要的方面:人文精神的引领。没有人文精神的引领,刚才吴志宏教授已经做了分析,就会乱象丛生,这个社会就会窒息每一个人的发展,这个社会使

> 我们不能在讲精神成长、个性发展时把自己应该承担的社会责任给放弃。

15 关于博雅教育

人很难看到光明前途。因此,学校教育是非常需要我们校长高度的教育自觉与教育智慧的,他们应当善于把国家的需要与学生个体发展的需要紧密地结合起来。从这一点出发,在中学提倡博雅教育和人文精神有非常重要的现实意义。

当然,从学校教育来说,我们要培养的是德智体美全面发展的社会主义建设者和接班人。所以,在这个意义上,我们的教育可以在一个时候有它的侧重点,但我们的教育一定是全面的,教育一定是为全人类发展作出我们的贡献的。

我们分享着曹杨二中教育改革的成果,也衷心期待着曹杨二中能走上新的台阶。

谢谢大家!

> 学校教育是非常需要我们校长高度的教育自觉与教育智慧的,他们应当善于把国家的需要与学生个体发展的需要紧密地结合起来。

16

让学生拥有灿烂的心灵*

尊敬的陈局长、董君武校长与各位同仁：

大家好！听了董校长的教育思想报告，还有学生、校友、家长的发言，我留下了深刻的印象。在整理各位校长的论文时，董君武校长的这篇论文给我留下了深刻印象，这篇论文和我想象中的关于校长教育思想的论文是比较吻合的。作为一个校长，要提炼自己的教育思想应该是讲自己的思想、自己的故事。我们有些校长经常会讲人家的思想、人家的故事。校长讲哲学家、教育家的思想经常会出各种错误，只有讲自己的思想才不会出错，因为那是来源于自己的实践，来源于自己的亲身感悟。今天董校长的报告有一个鲜明特征，它有大量案例来支撑他的思考、理念，

---

* 本文是在董君武教育思想研讨会上的点评。董君武，男，硕士，上海市西中学校长，上海市静安区领军人才，曾获上海市先进教育工作者，上海市劳动模范等称号。他教育讲演的题目是："让学生带着笑容走进学校"，载《教育：为了生命的幸福成长》，华东师范大学出版社，2012年版。

也支撑着他的思想体系。

深圳前海中学校长程显栋文章中有一段话：教育无小事，这是人们普遍认可的。其实教育也无大事，教育就是走廊里一幅幅展示学生的画，就是学校里每天上的一堂堂课。所以校长办学是一件大事，事关几千学生未来的发展，事关民族发展的大事；其实校长办学天天做的就是小事，无非就是处理学生学习、教师教学中的一个个问题。然而，正是这一件件小事才构成了我们伟大的教育事业。在这个意义上，我在与第二、三期高研班校长的交流中，我建议提炼教育思想要从我们所做过的事入手，以事件引发思考，当时做这件事的想法是什么，把这些事以及做这些事的动因整理清楚了，自己的教育思想也就整理清楚了。当然在实际工作中有的时候正好是相反的，在大多数情况下，我们是先有思想，根据这些思想然后去设计活动，去做事情。由此，才产生了我们学校教育中的一个个变革，促进学校教育质量的提升。校长先有思考、认识，在此基础上设计一件件工作，这个过程是从抽象走向具体的过程，既是概念也是行为从抽象到具体的过程。这个抽象的过程需要中介。我梳理董校长的思想，整个过程是让学生带着笑容走进学校，要让笑走进学校，所以有四个中介：

关注学生的心灵；

创造宽松的文化；

减轻学生的负担；

董君武（左）在培训中心兼职教授聘请仪式上

> 我建议提炼教育思想要从我们所做过的事入手，以事件引发思考，当时做这件事的想法是什么，把这些事以及做这些事的动因整理清楚了，自己的教育思想也就整理清楚了。

塑造健全的人格。

借助这些中介，我们才会把关注学生的心灵落到实处。正是我们去关注如何减轻学生的负担，才会有"四环节十六字方针"的学生学的策略和教师教的策略，这是一个逻辑的过程。对于我们的校长来说，理解人们的思想重要，借鉴过程比借鉴结论更有意义。这个报告是非常有含金量的，非常有技术含量的，对我们高研班和长三角、初中班校长理清自己的思维，让办学更加成功有很多可以借鉴的方面。

2009年于华东师大丽娃河畔

回过来说，让学生带着微笑走进学校是一件不容易的事情。因为今天的学校过于沉重，学生是带着沉重的心理负担走进学校的；因为今天我们有众多社会乱象，有的时候学生、教师都被阴暗的心理遮蔽，笑不出来。其实笑容和心灵一个是表象，一个是内在的根源，所以要让学生带着笑容走进学校，一定要让学生拥有灿烂的心灵。这是我们学校教育工作者给予的，或者是我们教育工作者创造条件让他取得的。学生经常说给我一点阳光，我就给你一片灿烂。如果我们的教育工作者无法给予学生阳光，那么学生就很难给你以灿烂。

从社会发展来说，学生真的不容易笑，他们的负担太重，因为我们的祖宗、社会与家人一直在告诉我们的孩子，只有吃得今天的苦中苦，才能成为明天的人上人。

16 让学生拥有灿烂的心灵

"书中自有黄金屋,书中自有颜如玉。"正因为如此,今天不要笑,痛苦一点没关系的,这是为了明天的笑。其实,今天不能笑,明天也笑不出,不会笑了,脸上的肌肉都僵死了。长大以后,在我看来无非只会做一件事情,只会使自己银行账户的钱增加一个个零。人的生活需要钱,但更需要丰富的精神生活,上午王洋校长也谈到这个观点。所以,要使学生能够带着笑容进学校,根本的、最重要的还是作为教育工作者要有正确的教育理念,这不是短期的,不是急功近利的,确实是为学生长远发展的,又是能够立足当前的。正因为如此,学校教育必然应当是宽严相济的。教育没有严不行,学生需要规范,但是更要有宽容的理念。只有准确地把握宽严之间的平衡,才能使学生既是健康地又是快乐地发展。

减负增效,一定是博约并重的,既是广博的又是简约的。学校课程与教学活动的博约并重是现代校长应该掌握的教育艺术。有了这样的艺术,才能使学生真正能够拥有一个宽松、稳定的学习环境,使学生真正感受到生活的愉悦,才能享受每一天的校园生活,才能感受到人生既是有意义的也是快乐的。有了从今天开始的快乐人生,我相信我们的孩子的人生价值才能得到实现,祖国的未来才能得到保障。

谢谢大家!

> 教育没有严不行,学生需要规范,但是更要有宽容的理念。只有准确地把握宽严之间的平衡,才能使学生既是健康地又是快乐地发展。

17

关注人文情怀：教育的时代选择*

尊敬的马向阳校长、各位校长：

听了马校长的教育讲演，我相信，他的报告对我们今天与会的各位校长是很有启示价值的。马向阳的报告有非常重要的现实意义，在我看来，这个报告首先具有强烈的针对性，也具有相当的普适性，是教育目的与教育规律的结合，此外还有实际的可操作性。

一、时代针对性

昨天国务院常务会议专门讨论了国家诚信问题。"雅虎中国"新闻第一条："国务院严批当前的诚信问题。"我看了心里一愣，不知道国务院批评的是谁？是老百姓吗？

---

* 本文是在马向阳教育思想研讨会上的点评。马向阳，男，海南省海南中学校长，中学特级教师，全国中学语文研究会理事。他教育讲演的题目是："坚守充满人文情怀的教育"，载《教育：为了生命的幸福成长》，华东师范大学出版社，2012年版。

17 关注人文情怀：教育的时代选择

马向阳校长（前排左一）与他的同学

再仔细看全文，才知道这是雅虎为了吸引眼球而设计了这个标题。国务院充分认识到当前我国在社会诚信方面存在的问题，决心要重建我国诚信体系。《瞭望》杂志最近有一篇文章，指出：国家诚信体系可以分为三个方面：政务诚信、商业诚信与个人诚信。《瞭望》明确指出，国家诚信的根本在政务诚信，当前最令人担忧的是商业诚信，个人诚信也存在极大的问题。最近出现在佛山的女童案引起了全世界的惊愕。中国人怎么了？以儒家文化著称的国家竟然走到了这个地步，这不能不引起我们对这个问题的深刻反省。尽管经济有了高速发展，但如果一个社会文明降低到了这样的程度，我想这个社会很难再维系下去了，会出大的问题。在这个意义上，我们特别强调人文精神、人文关怀有着非常重要的意义。

客观地说，每个国家、每个时代都有自己的特征。教育一定会反映这个时代的特征。我不赞成把人文情怀说成是教育永恒的主题。大家知道1957年10月4日苏联第一颗人造卫星上天后，美国深深感受到了冲击，于是他们出台了《国防教育法》。他们认为：苏联人卫星上天意味着美国军事的落后，背后是科技的落后，再背后是教育的落后。在这一基础上他们提出的课程改革，抓的是外语、科学和数学，这就是所谓的"新三艺"。在这个背景下，美国从当时整个战略的考量出发，试图提升美国学生在这三方面的能力，这并不是没有道理的。正因为这个原因，我认为每一时代的教育都会有自己特殊的追求。

正是在这一意义上，可以说，海南中学提出人文情怀是有强烈针对性的。在座各位可能感受到，我们这一次优秀校长思想的交流，大概都是围绕这类话题展开的。我们一再强调当前中国教育的发展，校长要平静自己的心灵，放慢自己的脚步，重新思考我们的教育究竟要为什么，究竟要干什么，究竟要培养什么样的人。这是具有重要的时代意义的。这在我看来，是理解当前我们特别强调人文情怀教育的意义及其价值所在的关键。

二、普适性

人文情怀的教育与科学教育一样，它具有普适意义。人文情怀的建构应当成为我们教育工作者终极的价值取向

17 关注人文情怀：教育的时代选择

之一。人文情怀的教育与科学教育相互作用与相互促进，这是教育的重要规律。我们的教育是培养人的活动，关怀人是教育题中应有之义。没有对人的关怀、关心，不成教育。对人的关心只能靠心灵的碰撞，我始终认为爱心只能靠爱心唤醒，诚信只能靠诚信引领。如果没有校长、教师的爱心，要唤醒学生的爱心是空洞的、不可能的。一个虚伪的教师要培养有诚信的学生是天方夜谭。正因为如此，一个充满人文关怀的校园是在校长对教师、校长对学生，教师对学生，学生对教师，学生对校长的这样一种相互作用的过程中形成的。这样才能使得人文关怀落实到每一个角落，每一个教育环节。

> 对人的关心只能靠心灵的碰撞，我始终认为爱心只能靠爱心唤醒，诚信只能靠诚信引领。如果没有校长、教师的爱心，要唤醒学生的爱心是空洞的、不可能的。一个虚伪的教师要培养有诚信的学生是天方夜谭。

人是教育的出发点也是教育的归宿。离开人就没有教育，教育是人的活动。高尔基说文学是研究人、描述人的学问。借用这句话，教育学就是研究人、培养人的学问。同样是研究人性，教育和文学不一样，不仅要描述，还要培养，所以教育比文学复杂得多。遗憾的是，全球古今中外有成千上万的文学家却没有多少教育家。原因之一就是人们对"教育家"这一称号太过吝惜了。我们有一大批非常优秀的教育工作者，他们在教育上作出了极大的贡献，为什么他们不能称为"教育家"？只有一大批教育家才能办好教育。研究人是为了培养人，培养人就要按照人的身心发展规律。人的培养不仅仅是智力开发，智力开发只是我们重要的教育目标之一，人文情怀的培育也是我们重要的教育目标。其实，人文情怀的培养不仅是教育的目标也是教育的手段。人文情怀的培养既是我们教育工作者的追

2011年10月在全国优秀中学校长教育思想研讨会上讲话

求、理想,也是我们重要的教育手段。真正培育学生需要心与心的碰撞、对话和交流。冷眼相看的教育很难取得成功,这是教育规律所决定的。唯有把握住人文情怀、人文引领,才能真正培养出充满人文情怀的学生。

此外,人文情怀的培养也是提升学生智慧才能的重要手段。学生责任的担当,良好习惯的养成,团结互助的学习氛围都有助于学生认知的发展。只有充分地理解了教育过程的这一关系,抓住了教育的本质规律,我们的教育才能取得最大的成功。

三、可操作性

马向阳校长所在的海南中学人文情怀的教育具有很强的可操作性。校长不是教育理论家而是教育实践家。教育家型的校长是有深厚教育理论造诣的实干家,特点就是他们善于把理念转化为行为。这次论坛发言的华东模范中学

校长不是教育理论家而是教育实践家。教育家型的校长是有深厚教育理论造诣的实干家,特点就是他们善于把理念转化为行为。

17 关注人文情怀：教育的时代选择

的董君武*校长让学生带着笑容走进校园，这是一个理念，他将其转化为实践。马向阳校长不仅有理念还有一系列非常明确的操作，所以才能落实到学校教育的方方面面，才能产生应有的效果。从各位学生、家长代表的发言我们都能感受到实际的效果，非常欣喜地看到他们在这方面的进步与成长。

从观念转化为行为，我想重复一下，一定是需要有中介的，需要分解。所以马校长从充满人文情怀的办学理念、德育活动、课程建设、教学特色等各个方面展开谈了他充满人文教育的细节工作，对我们很有启示的意义。

我认为马校长的演讲是非常成功的。当然我还要强调一下，马校长第一稿我看了之后给他反馈的意见是：校长要谈自己的理念和故事，不要谈别人的理念和故事，那不是我们校长的所长。马校长从苏格拉底讲到柏拉图再到亚里士多德，最后得出结论，历史上的教育家和思想家都讲人文情怀，这个结论是有问题的。历史上大部分时间都是讲神道、君权，不讲人道的。讲人道是文艺复兴以后的事。正因为现在的君权、神道还广泛地存在，所以学校更要讲人道、讲人性。由此，它的意义与价值才能得到彰显。改变成年人很难，但是改变学生相对来说还是比较容易的。我相信在各位校长的努力下，中国未来一代的人文情怀的增长能带来一个充满人文情怀的中国。希望就在于此！

谢谢大家！

---

* 董君武，时任华东模范中学校长，2012年1月后调任上海市西中学校长。

2011年访问加拿大

第三篇
常态化：创新人才培养的有效途径

18. 创新人才的培养与教育的可能选择
19. 创新精神培养的有效途径：常态化的教育
20. 学校：师生求索的乐园

本篇附录
偏才、怪才与创新人才

18

创新人才的培养与教育的可能选择*

尊敬的徐向东校长与各位同仁：

今天我们听了徐向东教育思想的介绍，很受启发。从我个人感受而言，我认为有三个问题可以进一步思考：

第一个问题：创新人才的培养是需要强化还是需要松绑？徐向东校长提出一个问题，创新人才能否培养？我很赞同徐向东校长的观点，其实创新人才不是培养出来的。乔布斯是培养出来的？他大学只读了半年。比尔·盖茨是培养出来的？也不是，他大学只读了一年。培养只是借用的概念，所谓培养，就是学校要给学生敞开心灵，用徐校长的话说就是敞开希望的空间。这个过程不是外加的过

---

* 本文是在徐向东教育思想研讨会上的点评。徐向东，男，上海交通大学附属中学校长，上海交通大学副教授，上海市高中教育管理专业委员会常务副主任，曾获上海市园丁奖等荣誉称号。他教育讲演的题目是："为创新人才的培养'敞开'希望空间"，载《教育：为了生命的幸福成长》，华东师范大学出版社，2012年版。

徐向东（左）在培训中心兼职教授聘请仪式上

程，而是学校把那些可能蒙蔽学生心灵的障碍给清除掉。从我们学校教育来说，经常会误以为给学生越多的知识，学生就会发展得越好，未来生活就更加坚实，我认为这个观点是值得推敲的。在多个场合我一直强调一个观点：我们现在的学习尤其是高中学习存在着相当普遍的"过度学习"现象，学了许多无用的知识。在这个意义上，用"敞开希望的空间"作为创新人才的主要培养途径，在我看来这是把握了创新人才培养非常关键的方面。

> 我们现在的学习尤其是高中学习存在着相当普遍的"过度学习"现象，学了许多无用的知识。

每个学生都是不一样的，智慧是不一样的，在我看来人有三种，从教育的角度看，第一种人是不教而会的。乔布斯就是不用人教的，也没有人能教他。第二种是教而不会的。这种人也是客观存在的，智障儿童可能就属于这一类型。作为教育工作者，我们不能放弃任何一个人，但是

18 创新人才的培养与教育的可能选择

客观地说确实有一部分人是教不会的，或者准确地说，这部分人怎么教都很难达到正常人的心智水平的。心理学研究早就发现人的智商是呈正态分布的，超常和低常的都只有一小部分。大部分人都是第三种先教后会的，而且，教了以后会到什么程度也是不一样的。在这个意义上看，我们学校教育的重要任务就是让每个人的潜能得到最大的开发。这是人才培养最重要的任务，当然也是创新人才培养过程中要考虑的重要问题。

第二个问题：早期发现和面向全体。现在我们一说创新人才培养就要选拔尖子生、资优生，搞创新试验班，有一些特殊的举措。这种方法可能有效，但不能适用于每个学校。对每一个学生都要加以关注，每个学生都有可能成为明天的创造性人才。记得10年前在浦东，教育部中学校长培训中心组织了一次关于创新人才培养的研讨会，当时会议的主题是"如何早期发现资优学生，以及在学校教育中如何为这些资优学生提供一个快速发展通道"。如今来看，当时的那些观点立足点是有问题的。创新人才的培养不能是浮躁的，不能是急功近利的。以获得诺贝尔奖为目标的研究活动是很难获得诺贝尔奖的。同样在基础教育阶段，针对少数学生的"快速通道"也是很难走通的。学校要创造一种非常宽松的环境，让每一个学生的创造才能得到最大程度的开发。在这个意义上说，在中学学生发展的"快速通道"是学生自主发展的"快速通道"。因为上海交大附中让学生"异想天开"，因为上海交大附中鼓励学生不断尝试，所以才会有该校刚才这位校友两年读完高

2009年在广东中山主持学校优质化工程答辩会

中，这是快速，但这是她自己快速成长，而不是你学校先设计了一个快速通道她才快速的。如果我们早期发现然后通过快速通道培养，大概会和学生自己的想法不相符合。

我们现代社会是浮躁、短视、功利的，在这样的背景下我们就更需要呼唤一种人文的、着眼长远的、排除功利的教育。徐向东校长有一大段关于文化的谈话对我们是很有启示的。创新人才不是靠培训几个技能就能解决问题的。如果创新人才靠技能培训就可以的话那我们中国的创新人才肯定是世界第一了。创新人才的培养需要文化的引领。创新人才呼唤我们有一颗平稳的、平静的心，呼唤我们有平稳、平静、平和心态的校长。我们有这样思想的校长，才有可能在5年、10年、20年、30年后，在我们国家，创新人才辈出。学校教育本来就应该因材施教，学生有才能，我们就提供给他需要的、适合他发展的教育，但不能仅仅盯住这几位学生。如果只是盯住几个学生，学校

创新人才不是靠培训几个技能就能解决问题的。

创新人才的培养需要文化的引领。创新人才呼唤我们有一颗平稳的、平静的心，呼唤我们有平稳、平静、平和心态的校长。

18 创新人才的培养与教育的可能选择

教育是会失败的。十年前,我们强调早期发现,现在随着认识的深刻,我们更愿意回过来按照人的身心发展规律来办教育。

第三个问题:人的才智与志趣之间的关系。素质教育有一个核心、两个重点,以德育为核心,以创新精神和实践能力提升为重点。我一直在想,德育与创新精神如何统一起来?这几年随着校长们的探索,我们对这个问题有了更深刻的认识。今天徐向东校长在报告中特别强调了学校的德育、社团建设、社会实践,以这些方面作为创新人才培养的举措,我认为是很有意义的。教育都是相通的,华东师大二附中提出德育引领创新,两者之间就这样结合起来了。这些经验启示我们创新人才的培养不是把数理化弄得再深一些,相反,创新人才培养要更注重一种兴趣、爱好、人生自信等人格因素,有这些人格因素作保障,创新人才才能够一步步得到成长,才能够脱颖而出。在这个意义上,我认为我们校长在一线所作的探索是有非常重要的意义的,对我们学校教育的整体质量的提升有重大的启示意义。

今天上午是首场报告,徐向东校长的精彩报告给我们很大的启示。回过来看,创新人才确实是一个复杂的问题,还有很多细节有待我们进一步深入研究。

我们相信,随着时间的推移,徐校长的思想会越来越深刻,交大附中会越办越兴旺!

谢谢大家!

> 创新人才的培养不是把数理化弄得再深一些,相反,创新人才培养要更注重一种兴趣、爱好、人生自信等人格因素,有这些人格因素作保障,创新人才才能够一步步得到成长,才能够脱颖而出。

创新精神培养的有效途径：常态化的教育*

尊敬的孙绵涛教授、高琛校长和各位同仁：

非常感谢孙绵涛教授对高琛校长思想的点评，以及对如何成为一名教育家给出的一些建议。

各位同仁，今天上午听了李桢校长的报告，下午听了高琛校长的报告，我们都感到非常兴奋，因为从这些思想当中我们确实感受到了时代的气息，感受到了素质教育在我们中学的发展，感受到了中国教育阔步地前进。今天下午我们的研讨会是围绕高琛校长"开发学生的创造能力，创建符合人性的教育"这个主题而展开的，听了以后我想谈三方面的感受，或者说谈谈自己在三个方面的认识。

---

* 本文是在高琛教育思想研讨会上的点评。高琛，女，辽宁省东北育才学校校长、党委书记，特级教师，教育学博士，硕士生导师，美国俄勒冈大学教育学院特聘专家，曾获全国劳动模范、全国教育系统先进工作者、全国教育系统巾帼建功标兵等称号。她教育讲演的题目是："开发学生的创造能力，创建符合人性的教育"，载《教育：从自发走向自觉》，华东师范大学出版社，2012年版。

19 创新精神培养的有效途径：常态化的教育

第一个认识，创新人才培养常态化模式的特点。在听讲的过程中，我一直在尽力地去理解高琛校长所提出的东北育才学校创新人才培养模式的内涵。对这一内涵的把握，是我们进一步推动、进一步推广、进一步在更大范围里使得我们创新人才的培养能得到落实的一个重要举

高琛（左一）陪同沈阳陈海波市长慰问教师

措。从这个模式来说，我以为有几个观点，或者有几个教育的命题很值得我们仔细地去体悟、去把握。事实上，刚才孙绵涛教授已经点到了这些问题。在我看来，如果梳理一下，高琛校长提到东北育才创新人才培养的模式，有三个命题是很值得我们从各个方面去理解和体会的。

第一个命题，创造是人的天性。所以报告的标题确定为"开发学生的创造能力，创建符合人性的教育"。创造能力和人性教育是怎么联系起来的？原因就在于人的天性就有创造的意识、创造的冲动，正因为如此，以教育来开发学生的创造能力，这就是题中的应有之义。教育开发人的创造能力是符合人性的，符合人性的教育就要注重开发学生的创造能力。

> 教育开发人的创造能力是符合人性的，符合人性的教育就要注重开发学生的创造能力。

顺着这样的逻辑关系，第二个命题，创新需要教育加以发掘。每个人都有创造的天性、创造的意识、创造的冲

动，为什么这个人创造了而那个人没有创造？说到底还是我们的教育。教育是不是科学、是不是得当，它对创造天赋的发挥、发掘起着重要的影响。所以，创造需要有恰当的教育加以引导，要有科学的教育加以发掘，当然这取决于我们对这个问题的认识，取决于校长的理解，取决于校长的智慧。在这个意义上，我们这样的研讨会是非常有价值的，它使我们加深了对教育，对教育发掘人的天性，发掘人的创造意识、创造能力、创造冲动可能性的理解，以及提升了我们把这一可能性转化为现实性的能力。

第三个命题，常态化的教育是发掘学生创造因子最有效的途径。我们现在办了很多创新实验班，有没有意义？有意义。但最有意义的我认为还是在常态化的教育情况下。我一直有这样的观点，针对诺贝尔奖的科学研究是很难获得诺贝尔奖的，很多时候是在不经意间，诺贝尔奖就诞生了。同样，创新人才的培养也需要常态化的环境。儒家的教育思想强调"有教无类"，让每个人都有受教育的机会，同时，又是"因材施教"的。这就是说，教育要从学生的实际出发，充分考虑学生的特点，对不同的人给予不同的教育。教育手段、方法与途径本来就应该是多样的，创新人才培养同样也是如此。创新人才培养的实验班是一个途径，中科大的少年班也是一个途径，常态环境下的培养则是另外一种途径，甚至我认为是培养创新因子，或者说是创新素质、创新要素的最有效的途径。它是一个把公平和效率结合起来的、统一起来的最有效的途径。从高琮校长所提的这些思想、模式当中，我们能够得到一些

19　创新精神培养的有效途径：常态化的教育

命题，而且这些命题我以为是顺应整个时代发展要求的，是能够为全社会所广泛接受的。常态化的教育是发掘学生创造因子最有效、最公平的途径，但这并不意味着我们反对、抛弃和摒弃其他的模式，在高中教育阶段，每所学校都需要从自己的现状出发，从社会的实际需要出发，可以各显其能，最大限度地发展和培养学生的各方面能力。

　　第二个认识，创新人才培养常态化模式的核心。刚才孙教授谈了，是动态的、可持续的，我认为是非常有道理的，我还要补充几句，这个模式是为了每个学生的，是在常态的环境下进行的，是淡定的、从容的。这是东北育才学校创新人才培养模式最鲜明的特征，无疑它是具有普适性的。

外国专家欢迎会

与加拿大教授商谈

　　关于东北育才学校，我的记忆可能还是停留在2000年左右，那段时间我到东北育才学校的机会比较多。那时，他们就开办了四个实验室——机器人、软件开发、材料科学、生命科学实验室，这给我留下了很深刻的印象。

在我主编的一套《研究性学习——多样化的模式》中就有一本东北育才学校的经验介绍。那个时候他们创新人才培养的英才班或者是天才班、精英班,就像高校长所谈到的,属于第一个阶段——顺势而为,是面向少数精英的;随着时代的发展,学校进入第二个阶段——借势而起,面向学有余力的学生,已经有了针对性、差别化的教育;那么现在这个阶段——乘势而上,是针对所有学生的,是为了发展每一位学生的创造潜能,是为了培养每一位学生创造因子的。可以说,这第三个阶段是在前面两个阶段基础上的发展和提升。为了每一个学生,它不会抛弃少数精英,也不会忘记还有部分学有余力的学生,但是我们还有相当一部分常态化的学生,所以在这样的意义上,为了每个学生的发展,发掘每个学生的创造因子,它有更大的意义,更有普适的价值。我们非常高兴东北育才学校能推出这样的模式,非常高兴东北育才学校在这方面所做的所有探索。

我想特别强调一下,这个模式并不是排斥前面讲的少数精英和部分学有余力学生的培养模式,是在这个基础上把他们包含在内的培养模式。所以它是公平和效率有机结合的。这一模式是在前两阶段基础上的进一步提升和发展。当然,在高校长的论文和讲演当中特别强调"生态的"、"日常的"这些概念。日常的才是符合人性的,发展学生的创造因子是符合人性的,因子的培养也要以很人性的方式去进行,这就是学校的高明之处,教育的奥妙所在。在这个意义上,我以为这个模式的很多精神和很多方面都值得我们去学习和把握。

19 创新精神培养的有效途径：常态化的教育

除了前面讲的几条以外，我以为就东北育才的这个模式而言，还有一条是很值得我们借鉴的，很值得我们体会的——它是淡定的。高琛校长谈到的"宁静致远"、"创造性是涵养出来的"，其含义就是：它不是拔苗助长的，是一步一步的，是要靠慢功夫的。在这个过程当中，它又把成就学生幸福的人生有机结合起来，这个是非常重要的，非常有启示意义的。现在我们的学校教育，尤其提到创造性人才培养的教育，很容易走上急功近利的道路。可能我们这里不少校长下个星期天要去参加清华大学百年校庆，可能我们刚刚参加完上海交大的百年校庆，说老实话，这两所学校当然是中国高校中的领头羊，请注意，我讲的"高校中的领头羊"，我非常遗憾地听说上海交大在未来五年到十年要发展成为世界一流大学，非常遗憾地听说清华大学2020年要办成世界一流大学。办世界一流大学要定一个时间表，要定一个指标体系？按照某个指标体系掐着时间表来办大学，这个大学一定不是一流的，因为一流大学不可能有所谓的指标体系，不可能按一个时间表来建设。功利化与短期化恰恰是办大学之大忌，离一流大学相去甚远。中国大学的问题，我以为有三条：行政化、功利化、统一化。大学要走自己的路，管别人怎么评价！教育部曾经组织过第二次大学校长论坛，期间记者访问了耶鲁大学的校长，耶鲁大学是美国大学排名前十的，校长说耶鲁从来不关心排名，耶鲁追求的是自由的思想，是给每个教授和学生提供宽松的环境，你想做什么在耶鲁就做什么，耶鲁帮助每一个人实现自己梦中的理想，这就是耶

> 中国大学的问题，我以为有三条：行政化、功利化、统一化。大学要走自己的路，管别人怎么评价！

鲁。这个和我们比较，我以为大概可以看出我们的一些问题，所以我以为我们的大学本来就应该是去功利的、去行政的，是多样的，不能是统一的，它需要一种淡定的，让别人说走自己的路，办出一个独特的清华，办出一个独特的上海交大，而不是按照世界的所谓"大学排行榜"来办大学，不是按照所谓的"一流大学的指标体系"来办大学。回过头来研究中学的问题也是如此，不管是大学校长还是中学校长都需要有这种淡定的精神。回想起来去年我们在苏州，苏州十中柳袁照校长"诗性教育"，超然的、本真的、唯美的，办这种教育是需要我们校长作出一点牺牲、下一点决心、排除一点干扰才能实现的。

我们中国的基础教育发展到今天是令人感到非常欣慰的，我们的一批校长已经有了一份淡定，我还衷心期待着我们的校长有第二份、第三份、更多的淡定。按照这个理念、按照这个思想，从容地、平和地去办好我们的每一所学校。我以为，教育工作者应该引领社会的良知、引领社会的发展。社会的骚动要靠我们学校，靠在座的各位校长，以我们的智慧和努力，让社会逐渐淡定下来，我们的校长、教育工作者不淡定下来，我们的社会很难淡定。

第三个认识，创新人才培养常态化模式的启示。总体而言，我认为：东北育才学校创新人才培养的目标是清晰的，这个目标就是"人的自由而全面的发展"。讲到全面发展，现在社会上，包括教育界都有一些误解。什么是"全面发展"？从空想社会主义到马克思经典理论说的"全面发展"，是针对社会分工造成了体脑的分离、体脑的对

19 创新精神培养的有效途径：常态化的教育

立而提出来的。有些人在工厂里做工，四肢发达、头脑简单；有些人坐在办公室里大脑很活跃、身体不行。所以，人应当是"全面发展"的，这个"全面发展"在马克思主义经典作家那儿指的就是体脑结合。随着时代的发展，我们又把全面发展进一步加以丰富，成为"德智体美全面发展"，如此而已。现在不幸的是，我们把所谓偏离全面发展的偏才理解为是偏科，把数学弱一点、语文强一点的学生认为没有全面发展，是偏才，我想这是两个概念。什么是自由的？非功利的。马克思讲的自由发展是非功利的发展，是每个人按照自己的兴趣爱好的发展，当然它是在一定条件下的，不是你想干什么就干什么的发展。由于种种的原因，人们很容易曲解"自由"的含义，认为自由就是我想干什么就干什么，自由就是我的自由，没你的自由。事实表明，我们需要对"自由"有一个全面的正确的解释。

此外，东北育才学校创新人才培养的途径是清晰的。这里涉及到一个问题：创新人才能不能培养？这是个在教育学界和心理学界都很有争议的问题。有些人认为创新人才不是培养出来的，是自己成长、自己"冒"出来的。如果创新人才全都是自己"冒"出来的，那么教育还有什么意义，我们提"培养创新精神、创新能力"还有什么意义！我以为，如果学校试图教会学生怎样去创新的话，在这一意义上，创新人才确实不是培养出来的，但是，教育在创新人才，包括创新因子、创新素养培养过程中起着重要作用。如果，学校教育能够有效地激发学生创造潜能的话，那么，在这一意义上，创新人才就是教育培养的。所

> 创新人才的成长需要科学的、正确的、恰当的教育，不是所有的教育都能培养创新人才的，不是所有教育都有利于创新人才成长的。

以，我强调，创新人才的成长需要科学的、正确的、恰当的教育，不是所有的教育都能培养创新人才的，不是所有教育都有利于创新人才成长的。创新人才培养需要宽松的环境、交流的平台、思想的碰撞。刚才东北育才学校的学生谈到，学校不仅提供了校内的平台，而且提供了国际的平台，谈到各种国际的交流活动对她的帮助。我觉得，这才是培养创新人才的正确之途。此外，东北育才学校还给学生创造了各种各样活动的机会，对学生有积极的、较高的期望，而不是手把手地教学生创造，这些做法对我们都很有启发。当然，关于创新人才培养的途径是我们可以进一步研究和探讨的重要课题。

最后，关于东北育才学校创新人才培养的策略。东北育才学校提出了对接全球教育、发掘社会资源、发挥教师作用，等等，这些策略其实都是可以为我们学校完善人才培养模式作为借鉴的。我相信，对于开发学生创造能力来说，从策略上还有更多的方面，还有待于我们进一步努力去寻求相应的途径、手段和方法，使我们学生的创造能力在中国的高中阶段得到最大限度的提高。

以上就是我对高琛校长及她的学校在开发学生创造能力、创建符合人性教育发面的一些认识。我相信，通过今天上午和下午的活动，对我们进一步坚定全面实施素质教育、进一步坚定培养高素质人才、进一步坚定我们作为校长在引领所在地区的学校及基础教育发展的决心，借用孙绵涛教授的一句话，"期待着在座各位都能成为当今的教育家"。

谢谢大家！

20

学校：师生求索的乐园[*]

尊敬的任奕奕校长、各位校长、各位同仁：

任奕奕校长的报告非常的精彩！在报告过程中，她内心充满着愉悦，脸上洋溢着微笑、淡定、从容，娓娓道来，报告的过程就很好地诠释了"学校：师生求索的乐园"这个"乐园"的意义。任校长从教近30年，她享受着做教育的愉快，也享受着学校办学过程中不断求索与创造的快乐。今天有这个机会，和来自全国各地的校长进行交流和分享，这种愉悦是发自内心的。所以，她内心流淌的是这种快乐，外显的就是笑意，写在脸上的笑意。

下面，就任校长的报告，谈四点感受。

第一点，关于求索的内在和外在动力的转化问题。天

---

[*] 本文是在任奕奕教育思想研讨会上的点评。任奕奕，女，天津耀华中学校长。1991年与2001年先后赴日本广岛大学教育学部与美国密西根大学教育学院留学。曾获天津市十佳青年教师、天津市"五一"劳动奖章等荣誉称号。她教育讲演的题目是："学校：师生执著求索的乐园。"

任奕奕校长

津耀华中学努力把学校办成"师生执著求索的乐园",从刚才学生、家长与校友的汇报中,我们可以感受到,在实现学校的这一教育追求上,耀华是成功的。那么,耀华成功的奥秘在哪里?我认为,他们一条很重要的经验是,注重师生内外动力的结合与互动,使师生始终保持求索的激情。

好奇是人的天性,所以,是人就一定有求索的愿望与求索的冲动。好奇的满足是学生求索的内在动力,因而,只要把学生的好奇心激发出来,学生就会有求索的激情。而且,这种好奇满足的求索过程一定是非常愉悦的。耀华中学很好地把握了这一点,师生在求索的过程中享受着求索的愉悦。求索的过程对大多数教师与学生来说,就是一个"玩"的过程,所以,"学在耀华"也就成了"玩在耀华"了。

然而,问题在于,我们的学校教育不能只是满足学生的兴趣、学生的爱好。教育是国家意志的反映,是国家对未来人才要求的反映。学校要反映国家的意志、国家的要求,就不能只考虑学生的兴趣与爱好。所以在很多时候,学校要教的并不必然地就是学生所感兴趣的。对于学生不感兴趣的,学校就放弃?显然,对我们的学校来说,这是不应当的。这就是教育的困难之处。

解决这个难题,其途径就在于把国家的要求、社会的

20 学校：师生求索的乐园

需要转化为学生内在的需求。国家的、社会的需要对学生而言是外在的。然而，这种外在的需要是可以转化为学生内在需要的。如何让学生把没有兴趣的事转化为有兴趣的事，如何把他们没有求索冲动的事转化为充满激情、主动求知与求索的事，这是教育的艺术所在。教育的艺术就是能让学生求索他原来不想求索的。耀华在这方面做了很多的探索，提出一系列的管理举措，这些举措有很大的借鉴意义。其中给我留下深刻印象的有两方面：

> 如何让学生把没有兴趣的事转化为有兴趣的事，如何把他们没有求索冲动的事转化为充满激情、主动求知与求索的事，这是教育的艺术所在。

其一，把国家与民族的要求转化为师生自觉的责任担当。每年教师节，在耀华中学都有一个全体教师的宣誓仪式。这一仪式使教师明确了"担当国运、不负重托"的教育责任；"终身奋斗、不懈求索、树人立德"的工作追求。对学生，耀华注重唤醒他们"内心深处强大的力量——责

中心兼职教授聘请仪式

任感与使命感"。耀华十分重视用优秀校友的事例来引导学生，为他们执著求索奠定理想基石。师生一旦有了这种"内心深处强大的力量"，求索就成了他们内在的需要，他们就会执著于在校园的求索，并且乐此不疲。

其二，让要学的变成好玩的。实践表明，学生贪玩并不可怕。对教育而言，可怕的是，让"学习成为可怕的事"。可以肯定地说，在所有学校中，每个学生都不一样，但是，只要"学习成为可怕的事"，学生就不会有学习的激情，就不会有求知的冲动，这是具有普适性的。不管什么样的学校，不管这一学校是在天津还是在北京，是在江南还是江北，是在东北还是在西南，没有例外的。从学校教育来说，要让学生充满求知的、求索的愿望，就一定要克服、避免"让学习成为可怕的事"。

第二点，关于师生求索中真善美的互动问题。耀华中学在这个方面是非常成功的。任校长特别强调了"以文化人"，即以文化来化育人。其实还有一个词，"以文划人"。如果我没记错的话，不管"以文化人"还是"以文划人"，都不是任校长首先提出来的，是我们原文化部长孙家正先生提出来的。孙部长说："文化如水，滋润万物。"这就指出了文化的育人功能。什么是文化？简单地说，文化就是文明化。什么是文明化？人本来就是动物，天生带有野性，带有野兽性、野蛮性。文化既可以作为动词，也可以作为名词。作为动词，文化的过程就是人不断摆脱野性、野兽性、野蛮性，不断提升人的文明化程度的过程。作为名词，文化表征人类在文明化过程中达到的程度。所以就

> 学生贪玩并不可怕。对教育而言，可怕的是，让"学习成为可怕的事"。

有了"以文划人"这一说。没文化的、不文明的就是野蛮人，有文化的是文明人；文化程度高的是高素质的人，文化程度低的是低素质人。人是按照文化程度来划分的。但是，千万要注意，文化不只是智慧，更不只是知识，而是物质的文明和精神的文明的总和。学校当然是提升人的精神文明的地方。提升人的精神文明说到底就是提升人追求真、善、美的意识与能力。学校要培育学生，使他们能够执著于真，追求着善，向往着美，通过这三方面的相互作用，不断提升学生的文明程度。耀华中学对这些方面都给予了高度的关注，并做了大量的工作，取得了很好的成就，这是耀华的经验。任校长并不是把学校育人的某一方面强调到一个不适当的地步，而是注重在整个互动的过程当中，以这一方面促进那一方面，以美育来带动德育，以德育来促进智育，甚至带动体育质量的提升。

第三点，关于在求索过程中"发现"与"再发现"的关系问题。学校学生的求索，大多是"再发现"意义上的求索。学生求索的结果一般而言是人类早已发现的结果。人类文明发展的过程就是不断求索，不断发现，不断创造"新知"的过程。这一过程为人类的文明添砖加瓦，使人类的知识更加丰富。学生在校的学习中，他们也在求索，他们每天都会得到"新知"，每天都会有新的"发现"。然而，学生的这种"新知"对人类来说并不是"新知"，学生的发现对人类来说，并不是新的发现。布鲁纳把这一过程叫做"再发现"。在学校教育中，"再发现"有重要意义，它是提升人"发现"能力的重要过程。耀华中学是通过"再发现"意义上的求索来达到提升"发现"意义上的求索能力。当然，在耀华中学，一批优秀的校友，还有在校的学生，他们的创造性的成果，包括已经申请的专利和公开发表的论文，已经是在"发现"意义上求索的成果。这些"发现"意义上的成果一定会大大增强学生求索的动力，激发学生求索的激情。

在学校教育中，处理好"发现"与"再发现"的关系非常重要。它在一定程度上破解了当今我们教育工作者所面临的难题——发展学生思维与确保学生考分的矛盾。学生"再发现"意义上求索的过程不仅极大程度地提高学生求索的意志与求索的能力，而且学生的知识在这个过程中会夯得更实。因为这些知识是他自己在求索过程中得到的，是经过充分地理解的，不是被灌输的。对被灌输的知识，学生往往是一知半解，似懂非懂。作为校长，我们也都是从学校过来的，是受过教育的。如果对一个理论、一个概念体系，我们一知半解的话，要记住很难，或者根本记不住。但如果我们理解它了，就不用刻意地去记忆，在很多场合都可以很从容地运用这些知识。一张考卷拿到你面前，就怕你是一知半解，似是而非的，甚至根本没有弄懂，那很糟糕，你肯定考不好。所以，这对关系的处理涉及到我们校长所关心的重要问题。我们要培养学生求索的意识，求索的能力，在我看来，它不会降低学校的升学率，不会降低学生的平均分。升学不是坏事，升学是普通高中的重要任务。但片面追求升学率，而把素质教育扔在一边，这个是问题。耀华的经验值得借鉴。

20 学校：师生求索的乐园

第四点，关于师生在求索中互动的问题，这是任校长特别关注的问题。教师的求索带动学生的求索，学生的求索也促进了教师的求索。对教师来说，学生的发展，就是他的人生意义，就是他专业成就的一个具体体现、一个表征。所以，它就会带动并促进教师的求索，教师能力的提升当然有助于引领与帮助学生求索。这就是教学相长，是师和生、教与学的良性互动。这种教育教学氛围的形成，保证了学校教师与学生两方面的发展，所以"玩在耀华""成功也在耀华"就是理所当然的了。

非常感谢任奕奕校长的报告，她的报告给了我们很多的启示，也感谢各位校长聆听了任校长的报告！期待着我们在会后有更多的互动，在互动中，我们共同提升。

谢谢各位校长！

> 教师的求索带动学生的求索，学生的求索也促进了教师的求索。对教师来说，学生的发展，就是他的人生意义，就是他专业成就的一个具体体现、一个表征。

本篇附录

偏才、怪才与创新人才

原载《解放日报》，2011年4月4日

随着当前我国高校自主招生的全面推开，高等学校该不该招偏才与怪才，以及偏才、怪才与创新人才的关系问题也越来越引起了人们的关注。

偏才事实上是相对于全面发展的人才而言的。最初马克思主义的经典作者在谈到全面发展时，他们针对的是由劳动分工带来的体脑对立，作为人的发展理想的"人的全面而自由的发展"就是"保证他们的体力和智力获得充分的自由的发展和运用"（恩格斯）。在我党的教育方针表述中，对此作了进一步的明确。所谓"全面发展"就是德智体或德智体美的全面发展。遗憾的是，在当今我国的教育界，人们往往把全面发展理解为各门学科的齐步发展，尤其是语数外等大学科的均衡发展。在这意义上，所谓"偏才"就是人文学科素养较高，数理知识不足，或数理能力超群，语文外语较弱的学生。这些人就是偏才吗？显然不是，至少并非是马克思主义经典作者所指的"片面发展"。

也正是在这一意义上，把被清华历史上破格录取的钱钟书、季羡林定义为偏才是很不准确的。

当然，语言本来就是"约定俗成"的。当全社会大多

偏才、怪才与创新人才

数人都把某一领域智能超群,而在另一些领域知识相对不足的人才认定为偏才的时候,转换话语系统一般是很困难的。尽管如此,本文还是想把这些人称为有特殊才能的人。高等学校理应承担起为这些有"特殊才能"的学生创造脱颖而出的机会。在20世纪80年代,美国哈佛大学心理学家加德纳提出了"多元智能理论"。加德纳认为每一个正常的人都在一定程度上拥有其中的多项智能,人类个体的不同在于所拥有的智能的程度和组合不同,除了非正常的人,智能都以组合的方式运作。多元智能理论的教育学意义就在于:每一个学生都拥有自己的优势智能领域,人人都可以取得自己的成功。实现每一个学生的发展,最重要、最有效的方式莫过于找出其强势智能所在。从理论上来说,人的智能的全面发展总是相对的,兴趣爱好与智能强项则是绝对的。说得更直白一些,智能在各个领域全面发展总是相对的,片面发展则是绝对的。为在一些特殊方面具有才能的人提供发展的机会,则是自主招生理应承担的重任。

在科学史上,一些具有特殊才能的优秀人才由于得不到施展才华的机会,而给人类科学发展带来极大的损失,这些事例也是屡见不鲜的。伽罗华,法国数学家,群论的创建者。还在读中学时,他就开始了方程理论的研究,并提出了群的理论,从而把代数学的研究带进了一个新的层次。可惜的是由于没能得到公正的评价,使他受到很大打击,年仅21岁就离开了这一世界。

怪才与偏才可能稍有不同。所谓"怪才"通常是指某一方面才华或技能超群,行为乖张,我行我素,与主流社会的行事风格有较大差距的人。怪才由于其有一技之长,通常他们有很强的社会生存能力,尽管与社会的创新并没有太多的直接关联,但他们有极大的创造社会财富的能力。其乖张的行为一般也无伤大雅,人们多给他们一些理解即可。

创新人才是指才智出众,思维敏捷,对事物有着独特的兴趣,善于发现新知,革新技术的人。当代中国努力从制造大国走向创新大国的历史过程中,人们对创新人才有着极大的期待,期盼着他们能引领国家走进创新大国的时代。然而,吊诡的是所谓"高素质拔尖创新人才"也并不一定是全面发展的人才,至少不一定是德智体美全面发展意义上的全面发展人才。鲁迅先生曾把那些学术做得不错但道德水准不高的学者称为"才子+流氓",美国教育家德怀特·艾伦说过,"如果我们使学生变得聪明而未使他们具有道德性的话,那么我们就在为社会创造危害"。这些事实是需要引起我们高度关注的。近年来反复见诸媒体的学术不端行为,其中也不乏所谓"拔尖人才"的身影。对人才的评价是一个十分困难的课题,尤其是人们在对"全面发展"、"素质全面"本义还没有理解十分清楚的情况下。当然,拔尖创新人才中德才兼备的是大多数,这也是这一群体受到社会广泛尊重的基础。

记得也是在《解放日报》,我提出过这样的观点:以创新人才培养为直接目标的活动是很难培养创新人才的。这就像以冲刺诺贝尔奖为目标的研究项目是很难获得诺贝

偏才、怪才与创新人才

尔奖一样。国家的发展迫切地需要一批创新拔尖人才,但创新人才只有在淡定的氛围中产生。为此,教育需要有超然的、超功利的情怀。其实,这并非是我独创的独到观点。美国哈佛大学荣誉校长陆登庭就说过:"自古以来,良好教育的首要目的就是要营造一种氛围,提供更多的机会,使理智的力量能够渗透到世界的各个角落。"

高等学校本来就是使命有异的,学生的兴趣爱好与智慧强项也各不相同,这给自主招生赋予了意义与价值。有人担心:如果大学把偏才、怪才作为选拔录取的标准,那就一定会出现一大批根据这个标准制造出来的所谓"偏才"、"怪才",出现一大批制造偏才、怪才的培训机构。说到底,这是一种推卸责任的说法。"偏才"、"怪才"是由其智能强项与兴趣爱好所决定的。中国如果能够出现一批培养"偏才"、"怪才"的培训机构,这绝对是民族的福音。遗憾的是,这种幸事几乎不可能发生,他们没有这个能力。

关注拔尖创新人才,容忍偏才怪才,尽可能地为他们的发展提供必要的机会与条件,创设让他们兴趣爱好得到最大限度发挥的平台,相信在我国是能涌现出一大批优秀人才的。

为拉萨江苏中学题字

在拉萨江苏中学校长向宗家中做客

第四篇
教育发展与学校改革

21. 教育:从自发走向自觉
22. 教育的自觉和教育的不自觉、反自觉与伪自觉
23. 校长的追求:让教师成为最幸福的人
24. 坚守是一种智慧,一种追求
25. 对变与不变的再认识
26. 自我超越:途径与方法
27. 在服务社会中争取社会支持

21

教育：从自发走向自觉*

尊敬的孙鹤娟厅长、柳海民教授、孙绵涛教授、李桢校长与各位同仁：

　　柳海民教授是我们国家著名的教育理论家，所以今天我们邀请的并不是东北师范大学副校长柳海民，而是教育理论家柳海民。今天上午还有来自沈阳师范大学教育经济管理研究所所长孙绵涛教授，同样论坛邀请的也不是作为教育经济管理研究所所长的孙绵涛，而是教育管理学家孙绵涛。

　　刚才柳海民教授对李桢校长的思想做了非常精彩的点评，当然，是因为李桢校长的报告，她思想的表达非常精彩。刚才海民谈到了一个观点，从自发走向自觉，是一个过程，是一种状态，是一个境界。我非常赞同这样的观

---

* 本文是在李桢教育思想研讨会上的点评。李桢，女，东北师范大学附中校长，东北师范大学教授，博士生导师。她教育讲演的题目是："教育：从自发走向自觉"，载《教育：从自发走向自觉》，华东师范大学出版社，2012年版。

李桢校长（左一）在优研班与李卫红副部长交谈

点，就借着海民的思路，谈我的三点感悟。

第一点感悟：自觉是如何产生的？唯有对这个产生的过程有一个清晰的了解，我们才能提升自己的教育自觉。在我看来，自觉的提升，首先产生于人们对职业的敬畏感。不管是谁做任何一项工作都要敬业爱岗。所谓敬业爱岗首先是对自己从事职业的敬畏，然后才会热爱这样一个岗位，这是逻辑的关系。作为教育工作者，这种敬畏就是对教育教学工作的敬畏。

有时候我们很自大，有时候我们很自负。自大的人、自负的人是走不到自觉的，我们以为自己可以战胜自然，

> 自觉的提升，首先产生于人们对职业的敬畏感。不管是谁做任何一项工作都要敬业爱岗。

21 教育：从自发走向自觉

人定胜天，但我们每走一步都受到了自然的惩罚。所以，对我们每一个人来说，要有做人的自觉，作为教育工作者，要有教育的自觉。我们要有一份敬畏感，对我们自己从事的教育有一种敬畏。

作为校长要对教育有一份敬畏感，我们还不懂或者不完全懂得教育，我们对教育的理解还非常肤浅；我们还不懂孩子，我们对孩子的理解还远远没有到达孩子心灵的深处。只有有了这份敬畏，我们才有可能走向自觉。自觉作为一个过程，在我看来可以这样说，就是从随意走向不随意，然后再走到新的随意的过程。

前面的一个随意，是在无知、无畏、自大、自负基础上的一个随意。他没干过一天教育，没走进过课堂，没当过老师，只干过几天乡长，干过几天镇长，他敢来当校长，那就是一种随意。他以为教育是他手中随意打扮的一个小女孩，他想怎么干就怎么干。我认为，并不是所有的校长都是如此，但是也不能否认在我国确实还存在这样的校长。他们以为学校就是我手中的一个小女孩，我想这样打扮，我想那样打扮，这个学校就是这样或者那样的。当然，这里我讲的是比较极端的情况。对大多数人来说，当校长的，大概是出于两种情况，一种是政府任命，教育行政部门推荐，党委批准，然后任命你做校长。另一种是我们自己争取的。校长毕竟是一个学校的NO.1，第一号人，他有权，他有一定的社会地位，这一岗位吸引着我们。在这个时候，如何去完成我们的责任，如何去实现我们自己的理想，开始并不很清楚。不过，我们毕竟当过教师，当

> 作为校长要对教育有一份敬畏感，我们还不懂或者不完全懂得教育，我们对教育的理解还非常肤浅；我们还不懂孩子，我们对孩子的理解还远远没有到达孩子心灵的深处。

> 教育有自己的规律，所以我们要追求对教育规律的把握，所以我们需要对教育使命、社会赋予我们的使命的把握。这是校长成为合格校长必要的一步。

过教导主任或者当过副校长。所以，不少人以为当校长还不简单吗？也不就是管住百多号教师，千多号学生。其实不然，教育有自己的规律，所以我们要追求对教育规律的把握，所以我们需要对教育使命、社会赋予我们的使命的把握。这是校长成为合格校长必要的一步。如果一个校长一直停留在无知、无畏、自大、自负的水平上，随心所欲地办学，他一定是不合格的校长，这个学校一定是失败的学校。

认识到这一点以后，我们试图走向更深刻地认识教育规律，试图更明确我们自身所承担的责任，然后，在学校教育中去遵循这一规律，履行自己的职责。这时我们会感到不适宜，其原因在于：我们对教育规律认识不足，我们领导学校的能力有限，我们还缺乏对教育承担的社会责任的足够担当。于是我们感到不自由，处处碰壁，或者说很不顺心，很不随意，这是第二阶段。我想可能在大多数校长都已经经历过这个阶段。于是我们需要走向第三个阶段。

第三阶段，也是最高的境界就是主客体的融合。所谓主客体的融合，就是作为一个校长，我的一切，是为了教育，教育就是我的一切，这是我的追求。我和不少校长在经常性的交流过程中，我说，我非常热爱校长培训这个工作，校长就是我的一切，我的一切为了校长，培训是我的一切，我的一切为了培训，是这样一种认识。这个时候我是达到一个新的随心所欲的阶段。这里所谓的"随意"，当然就是从自发走向自觉，从必然王国走向自由王国的一个随意，它不是凭空的，它需要我们学习；它不是凭空

21 教育：从自发走向自觉

的，它需要我们研究；它不是凭空的，它需要我们去创造。在这个意义上，我认为所谓走向自觉，这个自觉就包含着对使命的自觉，对自己所承担责任的自觉，对规律把握的自觉等等各个方面。我认为东北师大附中一个优秀的传统就在于此：作为一个校长和学校领导班子的成员，都有一种强烈的历史的使命感，大家都能充分地认识到我们要成为一个卓越的学校，必须要有自己不断的探索，在这个基础上开创。

从随意走向不随意再走向新的随意，这样一个过程的最高境界就是主客体的融合。干教育的就是教育工作者与教育的融合。记得在杭州市长河高中陈立群校长教育思想研讨会上，我提了一个观点：我们的校长都是在用心办教育，这是非常了不起的，但这还不是最高境界。最高境界是什么呢？最高境界就是像陈立群校长那样无意识地用心，不要为用心而用心，不考虑用心，但是你在用心，这就是主客体的融合，这才是最高境界。在这一境界里，教育工作者与教育是融为一体的。校长、教师的一切就是教育；教育就是校长、教师的一切。教育是神圣的，教育工作者要有这样一种追求，要努力达到这样一种境界。不可能每个校长都成为教育家，但是，每个校长都要有教育家的追求。教育家的追求就是：我的一切就是教育，教育就是我的一切。如果校长有这样的追求，这个学校一定是一个卓越的学校，一定是能够办出让人民满意的让孩子们健康成长的学校。

第二点感悟，或者我的另一个解读，是关于自觉的迁

> 最高境界就是像陈立群校长那样无意识地用心，不要为用心而用心，不考虑用心，但是你在用心，这就是主客体的融合，这才是最高境界。在这一境界里，教育工作者与教育是融为一体的。

移。所谓"自觉的迁移"是指,校长要把他的自觉转化为教师的自觉、学生的自觉。当我们的校长能把自己的自觉转化为教师的、学生的、全体教职员工共同的自觉,那么才能称为是教育的自觉,仅仅只有校长的自觉,这个学校还谈不上教育的自觉,这个是至关重要的。我们注意到李桢校长在她的讲演中强调了一个概念:"二次传递"。"二次传递"是说,校长要把自觉传递给教师,教师要把自觉传递给学生。刚才听了东北师大附中的校友、在读学生和学生家长三位的报告,大家都能感受到,在东北师大附中,这一个传递是成功的。学校的办学理念要为全体教师和学生所理解和把握住。只有校长的理解,没有学校绝大多数教师与学生的理解,教育理念是不可能转化成为教育行为的。在很多学校,校长先进的教育理念只是转化成了墙上的标语,没有被教师与学生所理解与接受,因而,人们预期的教育教学改革就不可能真正出现。

> 只有校长的理解,没有学校绝大多数教师与学生的理解,教育理念是不可能转化成为教育行为的。

刚才这位在校的学生以他一种从容、一种充满阳光与自信的发言给了大家一种感性的冲击,使我们能够更深刻地把握住东北师大附中办学的精髓。学生说,在东北师大附中,校长要求他们不做考试的机器,整个学习的过程要注意积淀人生的财富,要为梦想而努力。这就很好地诠释了什么叫素质教育。素质教育不是空洞的,它是为了人的教育,是为了人的成长的教育。在学校中,让学生放飞梦想,放飞心灵,完善人格,这就是素质教育!在东北师大附中,校长的理念转化为了教师的理念,教师的理念转化为了学生的理念,这一教育一定会取得成功。

主持学校优质化项目研讨会

与澳洲客人交流

我们非常高兴地看到，在中国已经出现了一批为素质教育而奋斗的，为素质教育而在践行的，事实上也取得非常好效果的校长、学校。在李桢校长的报告当中，特别强调了学生的自觉，强调了学生的自我意识、自主能力、自信品格、自强精神，这都从"自"开始的，都可以看作学生"自觉"的一个表现、一种样式或者一个角度。当然，从校长的自觉到学生的自觉，需要有一个中介，这个中介就是教师的自觉。事实上，从校长的自觉到教师的自觉，再到学生的自觉，这个"二次传递"的过程是很难很复杂的。我们期待李桢校长更深入地去研究这个问题，让我们能够把握住一个校长通过什么途径、什么方法把校长的自觉转化为教师的自觉，把教师的自觉转化为学生的自觉。只有当学校有着校长的自觉、教师的自觉、学生的自觉，那么我们才能说，这个学校有着教育的自觉。

在这过程中，学校的文化、学校的制度、学校的教育教学活动起着什么作用，以及它们是怎样发挥着其特有的作用的，这些问题还需要我们进一步的研究。

第三点感悟，关于自觉的追求。所谓自觉的追求含义是什么呢？作为校长我们追求自觉，自觉的追求就是自觉地、有意识地去追求教育的自觉。这句话好像有些绕口，其实不然，我相信大家能够理解。教育追求、教育自觉，不会自动地实现，不可能靠自发的方式，我们作为校长要努力把握住其中的规律，才能实现自觉，包括教育自觉的目标认知，教育自觉迁移与传递规律的把握。可以这样

21 教育：从自发走向自觉

说，自觉是一个永恒的过程，我们今天只处在追求自觉的过程当中，所以为了使得我们不断追求自觉，就需要我们不断地自我更新，这也是李桢校长反复强调的观点，我认为是非常有道理的。所以在这个意义上，我以为对全国优秀中学校长高级研究班来说，有一个很重要的任务，就是不断地提升我们校长的教育自觉。大家看到我们手头的这一本论文集，定名为《教育：从自发走向自觉》，本次论坛后面几位校长可能从不同的角度发表他们的教育观点。其实，我认为，后面这些校长的教育讲演也就是从每一个侧面谈了怎么走向教育自觉。走向教育自觉，是我们"人民教育家论坛"的目标指向。根据教育部人事司的要求，"全国优秀中学校长高级研究班"的任务就是要造就和培养一批人民教育家。

教育自觉不是凭空的，首先，要学会继承。不懂得继承就不会有教育的自觉。陈元晖作为一个教育理论家在办东北师大附中时提出的教育理念至今对我们办学有着重要的指导意义。李桢校长的前任孙鹤娟校长是全国第一期骨干校长高级研究班的学员，她提出的文化管理、价值引领这些理念，至今还在深刻地影响着我国中小学校长。"教育自觉"产生于东北师大附中不是偶然的，它离不开东北师大附中这片土壤。

追求教育自觉一定要懂得继承，但是，只懂得继承还远远不够。追求教育自觉，还要努力践行。要把校长的认识、教师的认识与学生的认识认真地转化为实践，并在实践当中不断丰富。教育自觉，包括教育使命与责任的担

> 自觉是一个永恒的过程，我们今天只处在追求自觉的过程当中，所以为了使得我们不断追求自觉，就需要我们不断地自我更新。

> 走向教育自觉，是我们"人民教育家论坛"的目标指向。

卓越校长的追求

当、教育价值的选择与教育规律的把握，都需要经受教育教学的实践的检验。没有实践的检验，教育自觉很可能成为学校的自娱自乐，更不可能逐步提升。

教育自觉作为一个过程，我们还在路上。作为过程它是永恒的，没有终点的，永远不会结束的。作为一个校长，这个路可能会走完，也就是当我们走到人生终点的这一天，那才会是校长教育自觉追求的一个终点。校长作为一个群体没有终点；教育自觉，作为学校的追求没有终点，它是永恒的、永远的。第一步是继承。第二步是实践，然后在这个基础上第三步开创，与时俱进，不断对我们这些理念，对我们的实践加以丰富，要有新思维、新思路。那么才能使我们这样一种追求日臻完善，才能使我们很自豪地说"我没辜负自己，没辜负社会，没辜负我在世界上走这一圈"。我和孙鹤娟校长说这句话已经是十年前的事了。我相信各位校长一定会有同样的认识。没有东北师大附中，李桢没有意义；没有杭州二中，叶翠微没有意义。我们和学校，我们和教育，我们和共和国的明天铭心相约，不舍不弃，永远追求！

谢谢大家！

> 教育自觉作为一个过程，我们还在路上。作为过程它是永恒的，没有终点的，永远不会结束的。

22

教育的自觉和教育的不自觉、反自觉与伪自觉*

尊敬的吴国平校长，各位同仁：

今天有幸聆听了吴国平校长教育思想的介绍，也听了学生、学生家长和校友谈的体会与感受。吴国平校长今天讲了一个非常重要的问题：教育的自觉。谈到这一题目，我们马上会想到东北师大附中李桢校长的"教育：从自发走向自觉"的报告。李桢校长对教育自觉作了一个理论的诠释，特别谈到了如何让校长的教育自觉经过两次的迁移最终转化为教师的教育自觉和学生的教育自觉，对我们是很有启示的。那么为什么我们今天仍然选择吴国平校长来进一步谈教育自觉这一问题？我认为，吴国平校长从新的角度、新的视野进一步深化了对教育自觉的理解。为了把

---

* 本文是在吴国平教育思想研讨会上的点评。吴国平，男，浙江省宁波镇海中学校长；民进中央委员、民进宁波市副主委、镇海区人大副主任，宁波市优秀教育工作者、有突出贡献的专家。他教育讲演的题目是："教育：追求自觉的境界。"

这个问题讲清楚,我把它简单地概括为三个问题:第一是教育的自觉与不自觉,第二是教育的自觉与反自觉,第三是教育的自觉与伪自觉。

所谓教育的自觉与不自觉,是对教育懂还是不懂的问题。一个人不懂教育,他不可能有教育的自觉。一个人不懂教育,不知教育为何物,不知教育应该培养什么人,他就不可能有教育的自觉担当,就不可能自觉地按教育规律办学。

教育的自觉与反自觉,是愿还是不愿的问题。教育工作者要真正实现自己心中的教育理想,实现教育的本质,是艰苦的,是需要作出艰辛探索的,有时候他的努力还可能与他个人的利益相冲突。为全面实施素质教育,校长做这个,做那个,但最终家长、社会,甚至上级政府部门对这些做法可能都不理解。家长、社会与上级政府部门的不理解对校长就是风险。所以在这样的背景下,他不愿意去做这个,不愿去做那个,虽然明明知道做这个对学生有利,但是对校长,对学校不一定有利。比如实施素质教育很大的可能会影响学生的考分,影响学校的一本率。虽然,校长懂得教育当以育人为先,但是事关学校声誉,风险太大,所以才会回到题海战术,回到加班加点,回到强加给学生沉重的课业负担。

吴国平校长

22　教育的自觉和教育的不自觉、反自觉与伪自觉

教育的自觉与伪自觉，是真还是不真的问题。看上去它好像很自觉，但其实是不自觉，它带有欺骗性，是不真实。它是用一些素质教育的口号在粉饰自己。教育的伪自觉者给人们的印象好像是学校在全面地实施素质教育，是在高水平地实现党的教育方针，但事实上呢，私底下在偷运着自己的私货。这种教育的伪自觉是否在一定程度上影响到我们校长，包括在座的校长。吴国平校长的报告讨论了这些问题，显然，这一讨论是有重要现实意义的。所以我想接着吴校长的报告，围绕这三个问题，跟大家作一探讨。

一、教育的自觉与不自觉

先谈一谈所谓教育的自觉与不自觉的问题。说到底，这是一个对教育理解还是不理解的问题，就是理解了，还有一个深刻地理解还是肤浅地理解的问题。我们可以看到，现在没有任何教育经历就来当校长的并不多，这是我们社会的进步。但从来没有做过一天教师，原来是乡长、镇长，现在来当教育局长的为数还不少，事实上他们对教育有多少理解，很难说。我这里不是在批评没办过教育、直接升上来就当教育局长的同志。这是中国特定历史阶段的产物。事实上，尽管我们的校长当过教师，讲过课，但是否真正理解教育，这还是有疑问的。

局长办学，校长治校，不同的人风格各异，其中有一种情况是令人十分担忧的，迷信权力，用"权"办学，用

"权"治校。因为我是教育局长,所以我有权力能调配这个地区的教育资源,甚至可以建议校长的任免。因为组织任命我当这个学校的校长,所以我就有权力调配这个学校的资源,教师必须要听从我的指派。在这样的情况下,权力就成为他的一个资源。而如果我们在局长的位置上,或者我们在校长的位置上,能认识到我们还不懂教育,我们对教育的理解还很肤浅,可能对我们自身的提升,对我们摆脱这种教育的不自觉会有非常重要的意义,会有一种推动的力量。

可怕的是,在现有的体制下面,有些人陶醉于用权办学,陶醉于用权治校。在他们看来,你懂教育有什么用?你懂教育就比我强多少?只要上级领导部门对我满意,你又能拿我怎么办?这种状况是确实存在,这样的学校,要试图把它办成全国一流的、地方一流的,哪怕只是在一个小区范围内要办成一流的都很困难。因为就这些校长的追求来说,重要的并不是学生的发展,重要的并不是学校培养的人才满足社会需要的程度,重要的是上级领导部门的满意。只要有这种满意率的保证,他就可以肆无忌惮。这是不自觉教育的体制保障。现有的体制保障了这种不自觉,令人感到非常悲哀。

这种不自觉的教育本质上是相信权力能改变一切。他们认为:我当过乡长,当过镇长,管的人比现在还要多,教育也不就这么回事?不就几十个教师上上课,几百号学生写写字?他不知道教育不同于其他行业,教育是培养人,人的发展有他自己独特的规律。迷信权力的校长,他

22 教育的自觉和教育的不自觉、反自觉与伪自觉

不懂得这一点,甚至也不在乎这一点,他可以为所欲为,忘乎所以地去办教育,这就是不自觉。不自觉的一个重要原因就是无知无畏。可能在座各位校长都有这样的体会,最无知的人往往是胆子最大的人。他对这个领域什么都不懂,但他敢于做最后的决策,而且根本就没想认真听一听别人的意见,更听不得不同的意见。这是客观事实,客观的存在。倒过来说,在他们看来,只要我有这种拍板权,我就是真理的化身,我就是知识的化身,我就是教育规律的化身,校长、老师又算什么?这是教育不自觉的非常重要的表现。

如果一个教育工作者担心自己不懂教育规律,担心对学生成长规律把握得还很肤浅,担心对教师的发展还了解得不多,所以要学习,所以要研究,有着一种对教育的敬畏之心,有着一种对教育失败的担忧,那他就开始走上了教育自觉之途。吴国平校长说:自觉是一种过程。我想,吴校长也就是在这一意义上说的。所以作为校长,作为教育工作者,我们都需要认真地学习,认真地研究问题,如果我们有了这样的认识,我们就能逐步地自觉起来。在我们手中,学校会因我们的提高而得到不断发展,不断提升,所以有可能办出一所不错的学校。因为我们始终关注着学校发生的一切,因为我们关注着学校可能出现的各种问题,这个非常重要的。

概而言之,教育不自觉的根本原因是他不懂教育,不懂的根源可能是他对权力的迷恋,可能是对教育规律的一种轻视,这是我想谈的第一个认识。

在拉萨

与西藏校长合影

二、教育的自觉与反自觉

在报告中，吴国平校长提到了教育伪自觉的问题，伪自觉这个概念我放在后面再谈，这里先说说教育的反自觉问题。不自觉是不懂，反自觉是不愿。因为校长知道，素质教育应该怎么做，人的发展应该朝哪里走，但他不愿这样做，这样走。他知道了而不想做，当然有他的思考，有他自身的考量，这种自身的考量说到底无非是学生的发展和校长自身的利益之间的矛盾、冲突。因为在我国

22 教育的自觉和教育的不自觉、反自觉与伪自觉

当前的教育活动过程中确实存在着一些很尖锐的矛盾、冲突，这些矛盾和冲突在哪里呢？就是当前的和长远的，可见的和隐性的，诸如此类的矛盾。

作为校长，他知道学生综合素质的全面发展无论对学生本人，还是对社会的发展都有着重要的意义和价值。学校应当努力为祖国的明天，应当为民族的振兴，应当为学生的发展做出自己的努力，做出自己的贡献。但是这种综合素质在现行高考制度之下，很难得到准确的评价，很难以量化的、可视的形式在短期内得到表现。因而很难得到社会的认可。在这个时候，如果一个校长把个人的私利放在学生利益之上，把自己的升官晋爵放在学生发展之前，在这种错误的教育政绩观的影响下，那么，他必然的选择就是眼前、可测的分数或者升学率等等。他追求的必然是家长的口碑，这种口碑就是，学校有多少人进了北大、清华。

在这个意义上，不愿，意味着他不是不懂，而是懂，因为懂，他才能分辨出个人利益和学校利益的矛盾和冲突所在，并在这一基础上作出个人的选择。他的选择是把自身的利益置于学生和学校的利益之上，当然，这不是一个教育家的选择，甚至不是一个有良知的教育工作者的选择。所以我们把它称之为反自觉。

> 他的选择是把自身的利益置于学生和学校的利益之上，当然，这不是一个教育家的选择，甚至不是一个有良知的教育工作者的选择。所以我们把它称之为反自觉。

反自觉说到底还是不自觉，只是原因不同而已，什么是自觉，其实刚才吴国平校长用了一段话："自觉的一定是自由的，自由自觉。"就是人把自己所从事的工作当作自己的第一需要。当人不用再考虑其他外在的、强加的那

些东西的时候，他是自由的。当然在我们现代社会，有多少人达到了自由境界，心灵的自由，真的很难说。恐怕完全自由的人并不多，更多的是程度上的差异。人把外在功利的追求放弃得越多，他的自由程度越大。反过来说，人对外在功利的东西追求得越多，他就越不自由。在这一意义上，所谓教育的反自觉，本质上就是他想得到的东西太多，而且把想得到的东西寄托在我们的学校里，寄托在他从事的教育上，寄托在学生的发展过程中，其结果就是教育的灾难。

三、教育的自觉与伪自觉

伪自觉就是不真的自觉，不真实。伪自觉这个命题是由吴国平校长提出来的，他在追求教育自觉的过程中发现了教育中存在的各种伪自觉的现象，他在报告揭示了这些事实。这一命题的提出对我们很有启示，对我们研究这一问题很有价值。在《"人民教育家论坛"文库》的总序中，我引用了浙江省教育厅张绪培的一段话，他说我们教育当中存在着反教育和假教育的现象，其实这种反教育、假教育都是对教育的一种反动。从教育自觉的角度来说，有自觉必然有伪自觉，伪自觉作为一种不真实的自觉，它最重要的表现是轻视学生的发展，忽视人的价值，无视教师的存在。

作为一种不真的自觉，在我看来，最重要的原因是缺乏对教育使命的自觉担当。与教育的反自觉相比，伪自觉更可怕。其可怕之处就在于他似乎懂得教育应当怎么办，

> 与教育的反自觉相比，伪自觉更可怕。其可怕之处就在于他似乎懂得教育应当怎么办，而且他的教育行为看起来也在这么办，但在私底下却是另搞一套。

22 教育的自觉和教育的不自觉、反自觉与伪自觉

而且他的教育行为看起来也在这么办,但在私底下却是另搞一套。他会打着素质教育的旗号,会打着提升教育质量的旗号,但他在私底下会贩卖自己的一些假货。

在现实的教育中,我们可以看到,有些学校说起来双休日没有加班,没有补课,但又以各种名义搞一个校外的培训,甚至在假期中把学生拉到几十公里、上百公里以外进行补习。还有一些学校被学生们称为"魔鬼训练集中营",7天假期学生被要求做56张考卷、模拟考卷。学生每天平均要做8张考卷,这还不折磨人?在这样的压力下,我们的学生还有幸福可言?学生能真正得到身心全面和谐的发展,那是不敢指望的。然而,这些学校很会做文章。省里要体操比赛,它马上可以拉出一个体操明星队,省里要学生艺术比赛或汇演,它马上又拉出小画家、小歌唱家队。它的全面发展是建立在数千学生基础之上的,每个人是一方面的发展,最后加起来有数千方面的发展,最后叫全面发展。这就是伪自觉的一个典型。所谓你需要什么,学校就可以给你制造什么,而至于对学生发展有没有利,对民族发展有没有利,那不是学校考虑的,也是学校不想考虑的。它给你提供的是一个虚假的教育画面,一个虚假的教育场景,这种教育提供的是虚假的人才,由此中国的教育就建立在这样一个虚假的基础之上。

吴国平校长提出教育自觉和教育伪自觉这样一命题,显然是有着非常重要的现实意义的。它警示着我们,作为一个教育工作者要从自己的良知出发,不受任何功利的束缚,追求自己教育的理想。我们讲,教育要放飞学生的心

> 它给你提供的是一个虚假的教育画面,一个虚假的教育场景,这种教育提供的是虚假的人才,由此中国的教育就建立在这样一个虚假的基础之上。

灵，首先要放飞教师的心灵；放飞教师心灵，校长就要放飞自己的心灵。如果一个学校的校长没有自己的理想与追求，期望教师有远大的理想与追求一般来说是很困难的。教师没有理想追求，学生的理想追求也很难实现。

对这种教育的伪自觉，我们要予以揭露，同时要大声疾呼。要进行宣传，进行传播什么是教育的自觉，教育自觉应该达到什么境界。吴国平校长在报告中特别强调，学校要注重精神的追求，要尊重差异的选择等等，作为现代教育基本的价值追求，这反映了当代教育发展走向和趋势。把握这个走向和趋势对我们发展教育具有非常重要的意义和价值。镇海中学之所以能成为浙江的名校、全国的名校，不是偶然的，因为它有百年以上的积淀，有历史赋予它的厚重的传承，当然还有历届校长，特别是吴国平校长和他的班子锐意进取，与时俱进，努力地去体会与把握教育的真谛，并在这个基础上不断推进镇海中学的发展。刚才主持人特别强调在今天的会上，镇海中学学生、家长与校友组成的是一个"豪华"的团队，他们的演说从各个侧面提供的信息使我们看到镇海中学在培养高素质人才方面所做的努力和取得的成果，我们为之振奋，为之震撼。

镇海中学本来就是有着悠久历史的一所名校。其实在认识吴国平校长之前，大约在20世纪90年代初叶的时候，我就和镇海中学的时任校长有着很密切的联系。当时是中央教育电视台委托我主持一个项目：总结一批以评价促进学校发展的典型，其中有一个以德育评价促进德育发展的子课题，选的典型就是镇海中学。我曾经有过这么一

22 教育的自觉和教育的不自觉、反自觉与伪自觉

段时间，大概有半年时间，几乎每个月都去镇海中学，后来倒是去得少了。吴国平当校长以后，镇海中学我去过两次，一次是参加他们承办的校长论坛，另一次是学习考察。我感到，镇海中学的确有一条非常重要的经验，就是多元发展，尊重差异，注重学生人格培育和智慧提升的完美统一。这是在对教育本质深刻把握的基础上，镇海中学人才培养价值的自觉选择，是教育自觉的一个实践。有这样的教育自觉，镇海中学十年以后，百年以后，人才辈出是可以期待的，镇海中学的办学是能经得起历史检验的。

与教育的自觉相比，教育的伪自觉剑走偏锋，一定经不起历史的检验。这就是教育的自觉与伪自觉最根本的差别！

总之，吴国平校长给我们作了一个非常好的报告，给我们很多有益的启示。我们期待着吴国平校长和镇海中学的教育同仁创造更多的教育经验。通过"人民教育家论坛"这样一个平台的传播，我们相信，教育从自发走向自觉，一定会成为一个历史的潮流。

谢谢大家，谢谢各位校长！

23

校长的追求：让教师成为最幸福的人[*]

尊敬的陈仕学校长与各位同仁：

今天上午我们听到了陈仕学校长关于校长追求这一非常有意义的报告，学校的校友、学生和家长也谈了他们的一些体会，后面我就想顺着陈校长这个报告谈一点体会、一点感受。

第一，新时期教师幸福感有什么特征？借这个机会给大家传递一些信息，最近我的一个博士研究生，她刚刚完成了博士论文，题目是"我国中学教师的职业成就感问题研究"，成就感是陈仕学校长研究教师幸福感的最核心的内容。没有成就感就不会有幸福感。论文里面有几个结论，相信对我们各位校长会有启示，对我们后面讨论问题

---

[*] 本文是在陈仕学教育思想研讨会上的点评。陈仕学，男，山东省济南第五中学校长，现任济南市历下区教育局局长、党委书记。他教育讲演的题目是："校长的追求：让教师成为最幸福的人"，载《教育：从自发走向自觉》，华东师范大学出版社，2012年版。

23 校长的追求：让教师成为最幸福的人

陈仕学（右）在优研班模拟新闻发布会上

也会有帮助。

从全国来看，中部地区学校教师的成就感最强，而不是东部，其次是西部；从学科来看，音体美教师成就感最高，数理化在中间，语文历史这些学科的教师成就感排在最后。我解释一下，为什么数学会比较高呢，数学比较容易见到成就，语文为什么低，是因为不容易见到成就。当然，这个结论只是我个人猜想，有关研究工作还正在进行。从教师的学历构成来看，大专毕业的高于本科，本科毕业高于研究生；从教师性别的比例来说，成就感男性高于女性。这个和西方不一样，西方对于不同性别职业成就感有个调查，调查的一般结论都是女性高于男性。在中国，教师职业成就感是男性高于女性。当然还有其他结论。

那么，哪些因素与教师职业成就感和教师的幸福感有关呢？研究的结果是：期望与期望的达成。人们的工作达到了期望或者进一步超过期望，他们就会有成就感，或者成就感很高；反之，就没有成就感，或者成就感很低。期望很高，最终工作结果没有能实现期望，人就没有成就感，也就不会有幸福感。由此，我们可以理解：为什么大专毕业生的成就感要高于本科，本科要高于研究生。这是因为学历层次越高，他们对自己的期望也就越高。一个中学教师他期望成为骨干教师、成为特级教师，结果他失望了，因为他没有得到。为什么音体美成就感会高？因为校长对他们没有什么要求，他们对自己也没要求。为什么语文教师成就感会低呢？因为，语文是高考必考的科目，校长对语文教师的要求高，教师对自己的期望高，学生语文成绩提升是很慢的，语文教师的努力不容易看出来成就，所以他们的挫折感就比别人强。

上面所说的研究表明：什么是成就？成就，说到底就是期望和期望的满足。这就给我们提供了一个思路：通过提升教师的职业成就感来提升教师的幸福感，这是我与大家交流的第一个观点。

第二，幸福感的提升。刚才陈仕学校长做过一个非常好的总结：无论是幸福，还是成就，也就是人们的期望与期望的满足。这就决定了提升教师的幸福感就有两条路：一条路是满足他的期望，另一条路是改变他的期望。满足他的期望又有两个方面：一个是物质上满足，一个是精神

> 无论是幸福，还是成就，也就是人们的期望与期望的满足。

23 校长的追求：让教师成为最幸福的人

全国中小学校长工作研究会

上满足。陈仕学校长特别强调对教师的尊重，满足心理需要，特别强调学校和谐的人际关系构建，也是满足他尊重的需要。在一个和谐的人际关系中才能够让教师尊重的需要得到满足，这都是内在的需要。大家知道，早在20世纪50年代，美国心理学家马斯洛就提出过"需要层次理论"。他说，人的需要可以分为五个层次，第一层次需要是生存的需要，吃饱穿暖；第二层次需要是安全的需要；第三个层次需要是交往的需要；第四个层次需要是尊重和自尊的需要；最后的层次才是自我实现的需要。满足教师多层次的需要无疑是提升教师幸福感的重要途径，其中满足教师精神性的需要在当前尤为重要。

其实提升教师的幸福感不仅仅只有满足教师需要这一条路，在我看来更为重要的是改变教师的期望，改变教师

卓越校长的追求

的需求，所以我特别强调价值引领，特别强调教师精神的提升。所谓"价值引领"就是要改变教师的需要，把部分教师只关注物质需要改变为更关注精神需要的层次上来。这在陈仕学校长的报告中作了比较透彻的说明。

改变教师的需要，除了提升教师价值、引领教师价值之外，还有一个方面就是纠正或矫正我们教师病态的需要，纠正病态的期望，陈仕学校长报告里面有一段如何提升教师心理健康水平的论述，这是非常重要的。改变教师的期望，改变教师的错误的期望，让教师的期望回到一个正常的水平，这对于成就大多数教师的成就感和幸福感有非常重要的意义。有时候我们满足了部分教师错误的期望，对大多数教师来说既是不公平的，也是很有可能给全体教师提供错误信息的，很可能误导大多数教师的价值追求。

> 改变教师的期望，改变教师的错误的期望，让教师的期望回到一个正常的水平，这对于成就大多数教师的成就感和幸福感有非常重要的意义。

总之，按照我的理解，学校对于教师来说，成就感或者说幸福感就是期望的满足，它的实现和提升无非就是满足他的期望和改变他的期望。满足期望有两条道路：物质的、精神的；改变他的期望也有两条路：一条是提升他的期望，一条是纠正他错误的期望。所以陈校长的专题报告是非常有内涵的，给我们有很多的启示。

第三，校园幸福指数提升的策略。我发现有一条幸福感、成就感和我们其他东西不一样的规律，即它在量上是不守恒的，我们讲物质守恒、能量守恒，但是幸福感是不守恒的。萧伯纳说过这样意思的一段话：我有一个苹果，你有一个苹果，我们互相交换每个人仍然有一个苹果。但

23 校长的追求：让教师成为最幸福的人

是，你有一种思想，我有一种思想，我们相互交换，每个人就会有两种思想。套用这句话，你有一份幸福，我有一份幸福，我们分享彼此的幸福，我们每人都有两份幸福。营造一个创造幸福、分享幸福的这样一个校园，学校教师会越来越幸福，校长会越来越幸福，我们的学生会越来越幸福。我相信通过我们今天的研讨，在座各位校长所在的学校会变得更加幸福。

谢谢大家！

> 营造一个创造幸福、分享幸福的这样一个校园，学校教师会越来越幸福，校长会越来越幸福，我们的学生会越来越幸福。

24

坚守是一种智慧，一种追求[*]

尊敬的唐江澎校长与各位同仁：

今天，我们听了唐江澎校长的教育讲演，我被他的报告深深感动了。唐校长是一个充满智慧的校长，是一个具有坚定理想追求的校长，他以"百年坚守"为题而做的讲演给我们很多的启示。我的体会主要有三个方面。

第一，坚守是一种智慧。作为教育工作者，要有智慧地办学。教育需要创新，创新需要智慧，这是人所共知的。然而，所谓"创新需要智慧"究竟意味着什么？大概并不是所有人都很清楚。在我看来，所谓"创新需要智慧"，这不仅意味着创新是一种高智力的活动，它需要人们对事物本质深刻的洞察，对事物与事物联系规律的深刻

> 创新是一种高智力的活动，它需要人们对事物本质深刻的洞察，对事物与事物联系规律的深刻把握，然后，在此基础上做出开创性的成果。同时，它也意味着创新必须懂得继承、善于继承并在继承中发展。

---

[*] 本文是在唐江澎教育思想研讨会上的点评。唐江澎，男，江苏省锡山高级中学校长。语文特级教师，江苏省首批教授级中学高级教师，全国教育系统劳动模范，江苏省人大代表。他教育讲演的题目是："百年坚守"，载《教育：培育美好人性》，华东师范大学出版社，2012年版。

24 坚守是一种智慧，一种追求

把握，然后，在此基础上做出开创性的成果。同时，它也意味着创新必须懂得继承、善于继承并在继承中发展。

1. 懂得继承。具有百年历史的江苏省锡山高中是有着丰厚的文化积淀的，在历史的基础上提升教育，那一定是高水平的教育、高质量的教育。创造是需要有坚忍不拔意志，以及高度智慧的。任何创新都是在别人走过的基础上，多走一步；在自己的原有的基础上再走一步。当然，除了比别人多走一步还有在自己的原有的基础上再走一步，还有比别人早走一步。江苏省锡山高级中学懂得在原有基础上不断提高，这是他们教育智慧的第一层面的表现。所以，锡山高级中学办学是高起点的；所以，他们能办出高水平、高质量的教育，人们是不感到奇怪的。

> 任何创新都是在别人走过的基础上，多走一步；在自己的原有的基础上再走一步。

2. 善于继承，即能智慧地辨析教育。唐校长进行了一些辨析，比如前面谈到了教育的"方向"和目前教育存在的"倾向"。我以为这样的辨析使我们加深了对教育的理解，加深了对当下教育问题的理解。再如，唐校长谈到了我们追问内隐的价值取向，很多时候教育是需要仔细地辨析把握的。所以辨析教育，是我们正确地选择教育的基础。百年的历史，留给我们丰富的精神养料，当然，不可否认，也会留下一些思想的负担，所以这就需要人们进行选

唐江澎（右二）在CCTV

择，在选择中确定今天的教育需要继承什么，以及扬弃什么。

3. 在继承中发展。人们思考"坚守百年"的时候，总是会想到"坚守"的意义与价值的问题。今天听了唐校长的演讲，我以为可能找到了问题的答案：坚守百年是为百年而坚守，为下一个百年而坚守，为我们教育的本质要求而坚守。教育就是教育，上一个百年的教育与下一个百年的教育，既然同为教育，它们就有共同的要求，相同的规律，所以就需要有坚守。然而，可以肯定地说，下一个百年一定是不同于上一个百年的，所以，人们也要与时俱进，在继承中发展。

从上述意义上来说，我以为坚守是一种智慧，是辨析教育的智慧，选择教育的智慧，当然也是发展教育的智慧。

第二，坚守是一种追求。所谓追求，包含着在对教育目的追问基础上的追求，在对教育价值追问基础上的追求，以及在对教育手段追问基础上的追求。教育是什么？是培养人的社会活动。然而，很遗憾，对教育的这一最基本的问题，不少人常常把它忘了。在他们那里，教育的目的就是往学生脑袋里装更多的知识，教育的价值就是让学生能考更高的分数，题海战术与加课补课就成了最常用的教育教学手段。就目前的教育现状来看，在不少学校，教育变成了为了升学的教育。高分学生成了学校的敲门砖，学校不是为成就学生而办学，而是为用学生的高分成就学校声誉而办学。学校对功利的追求使得他们很难办出真正符合规律的教育,因而,一定会产生唐校长所谈到的摧残儿童、摧残学生的状况。

上述种种乱象的存在,扰乱了我们的思想,使得我们教育的坚守越来越困难。但这也确实证明了当下教育坚守的意义与价值。坚守就是要回归教育的本质,端正我们的教育价值观与质量观;要认真研究教育规律;研究社会的需要;要使我们的教育重视学生的精神生活,放飞他们的心灵。这都是校长在考虑学校教育教学改革时必须要考虑的问题,唐校长对这些问题的澄清给了我们很多的启示。

在纪念改革开放30周年会议上讲话

第三,坚守是一种守护。坚守与守护本来就是同义词。守护是守护孩子的心灵,守护孩子的精神,守护孩子的成长。这是我们作为一个教育工作者的境界,是我们教育工作者的理想。

> 守护是守护孩子的心灵,守护孩子的精神,守护孩子的成长。这是我们作为一个教育工作者的境界,是我们教育工作者的理想。

今天的报告会让我们看到了一位心灵纯净、充满智慧的校长。应该说从北京开始,我们七场报告,每场报告各有特点,精彩纷呈,使我们参会的代表都有不同程度的感动,受到很大的启示。也借这个机会向七位坛主表示感谢和祝贺,期待着我们有更多的校长能走上人民教育家的论坛。

最后,衷心祝愿江苏省锡山高中在百年辉煌的基础

卓越校长的追求

上,在唐校长引领之下,能创造更加辉煌的下一个百年!衷心祝愿我们各位校长所在的学校能够更加辉煌,在我们教育改革和发展的道路上创造出新的经验,引领中国教育的发展,为中华民族的伟大腾飞作出我们每一个人的贡献!

衷心祝愿江苏省锡山高中越办越好!

谢谢大家!

25

对变与不变的再认识*

尊敬的刘信生校长、各位校长：

刚才听了刘校长的讲演，我深受启发，有一些感悟。把这些感悟整理了一下，起了一个题目就是："对变与不变的再认识。"

一、对变与不变的再思考

按照辩证唯物主义的观点：不变是相对的，变是永恒的。这句话是从历史长河、恢宏的空间来讲的。其实马克思主义也告诉我们任何真理都是具体的，任何规律都是有条件的，所以说在一个短暂的人生中，在一个特定的社

---

* 本文是在刘信生教育思想研讨会上的点评。刘信生，男，西北师范大学附属中学校长，西北师大数信学院教授，甘肃省政协常委，甘肃省党外知识分子联谊会副会长，曾荣获曾宪梓教育基金会1999年度高等师范院校教师奖二等奖，甘肃省民族团结进步模范个人等称号。他教育讲演的题目是："教育在不变与变之中进行"，载《教育：为了生命的幸福成长》，华东师范大学出版社，2012年版。

会中，有的时候我们可以说不变是永恒的，变是暂时的。在座各位每天起床的时候看到的太阳总是从东方升起的，这是不变的，我们相信世界存在着普适价值：民主，对生命的尊重是永恒的。可以肯定地说，对我们在座的各位而言，太阳从东方升起，将是一个永恒不变的真理。

刘信生校长在他的办公室

当然，我认为这个永恒也是有条件的，在具体的、有条件的场合才成立。过100亿年太阳是不是还从东方升起？也许还不一定了。太阳每天在发光，地球不断变暖，再过几十亿、上百亿年也许太阳、地球都不存在了，也就没有太阳从东方升起之说了。所谓辩证唯物主义讲的这句话也是相对的，是有条件的。真理、规律总是和具体的环境联系在一起的。

所以当我们考虑教育问题的时候，当我们研究学校、研究人的培养问题时，一定要和具体的环境、条件相联系。任何一种教条，任何一种所谓的教育真理，所谓教育先进的理念，一定要和具体的学校实践相结合。如果没有这个条件，我认为所谓的先进的教育理念都不复存在，都只能给我们带来心灵的安慰，而其结果并不能真正提升教育质量。刘信生校长关于变与不变的思考与认识对我们很有启示意义。

> 任何一种教条，任何一种所谓的教育真理，所谓教育先进的理念，一定要和具体的学校实践相结合。

二、对变的再思考

其实变不一定能变得更好,变得更好这取决于我们对规律、理想、追求、价值取向的认识。没有这样综合的考虑,随意的变、想当然的变、取悦于别人的变肯定是有问题的。人们说"发展是硬道理",上海的教育家吕型伟在后面加了一句话,"硬道理也要讲道理"。我们讲教育的变革与发展,一定要讲道理。没有道理的,就不要轻易地去变。不讲道理的变革只能使自己头破血流。

有人说,"不改革会慢慢死掉,乱改革会马上死掉"。这句话是很有意义的,一定要把变的理由、变的根基,以及变可能带来的后果作一个综合的、全面的梳理。梳理了之后还不能保证变得成功,还要有变的试验、实践,在这个基础上才能逐步由点到面进行推广,才能保证变能实现我们的理想与目标。在这个意义上,刘校长非常清晰地把什么该变,什么不该变给我们做了一个清楚的分析与梳理,有相当重要的意义。

昨天我看到了《中国教育报》的一篇文章,是我们高研班的一位学员写的。他对教育改革作了比较深入的研究,也非常迫切地希望学校发生变革。但他有一句话:"校长是不允许不改革的",我觉得可能言之片面了。想清楚了再改革,没想清楚不能改。在

2011年6月在南洋理工大学国立教育学院联合培养硕士毕业典礼上讲话

马来西亚讲学报告会现场

这个意义上要改什么、怎么改,对改的途径、策略、方法一定要有一个认真的思考。

三、对不变的再思考

不变其实也在变。社会在变,每个人的认识在变,学生、教师、家长都在变,学校不变是不行的。社会总是在变化的。刘信生校长特别提到了价值追求不能变,党的教育方针不能变,这对我们非常有启示意义。其实这里面也隐含了不变当中的变。校长要坚持党的教育方针这一点是不能变的,社会主义学校的校长一定要坚持党的教育方针。但党的教育方针本身也随时代的变化而变。"十六大"之前,我们的教育方针是:教育必须为社会主义现代化建设服务,与生产劳动相结合,培养德智体全面发展的社会

25 对变与不变的再认识

主义建设者和接班人。"十六大"之后加了十一个字，教育必须为社会主义现代化建设服务，为人民服务，必须与生产劳动和社会实践相结合，培养德智体美全面发展的社会主义劳动者和接班人。"为人民服务"、"和社会实践"相结合，以及德智体美中的"美"就是根据时代发展的要求新增加的。这就是说，在不变当中也存在着变，社会价值取向同样在变。以往我们追求学历、追求知识的掌握，现在我们追求素质的提升、人的思维发展、人的情感提升、注重人的精神，从教育的价值追求来说，也在随着时代的发展不断变化。

> 以往我们追求学历、追求知识的掌握，现在我们追求素质的提升、人的思维发展、人的情感提升、注重人的精神。

教育的变与不变是一个值得我们一直思考的问题，刘校长把这深奥的哲学问题变为每位校长都应该思考的问题，有非常重要的启示意义。以往我们总是局限于在哲学层面上思考：变是绝对的，不变是相对的，今天我们对变与不变有了更深刻的思考，有开创意义。我相信在我们这样的思考下学校的变革会越来越扎实，学校的发展会越来越巩固，学校的传统会更加发扬光大。我们在不变与变当中行进得更加稳健。

谢谢大家！

26

自我超越：途径与方法[*]

尊敬的周琦校长与各位同仁：

从周琦校长的报告中可以看出沈阳五中这所百年名校的不断超越的过程。超越是一种过程，一种精神，更是一种境界。对学校及个人的发展来说，精神与态度是至关重要的。如果没有这种自强不息，超越自我的精神，一个民族会垮掉；同样，一个学校会垮掉，一个人也会垮掉。沈阳五中自强不息、超越自我的这种精神是全景式的，是沈阳五中全体员工及学生的共同追求，这种追求已渗透在五中办学的整个过程与整体实践中。

沈阳五中自强不息的精神、态度，也是一个逐步形成的过程。按照我的理解，这一过程大概可以分为四个

---

[*] 本文是在周琦教育思想研讨会上的点评。周琦，女，辽宁省沈阳市第五中学校长，曾获辽宁省五一劳动奖章，享受国务院政府津贴。她教育讲演的题目是"自强不息，超越自我"，载《教育：从自发走向自觉》，华东师范大学出版社，2012年版。

阶段：

第一个阶段首先是自我挑战。自我挑战也可理解为自我否定，自我挑战是实现自我超越的重要前提。自我挑战源于学校对危机的自我认识，源于对学校现状的不满。这种不满首先体现在对学校外延发展与内涵发展关系协调性的认识上。学校的外延发展就是学校规模的扩大，办学条件的改善。这几年我国各地的中学办学规模都有了较大程度的扩大。从全国来说，在校高中生人数已经从20世纪90年代中期的1000多万，发展到今天在校生人数已经超过了4600万人。这是我国中学教育发展的了不起的成绩。在各级党委与政府的重视下，不少学校办学条件也都有了较大程度的改善。然而，我们中学的教育质量是否有了同步的提高？客观地说，我们还很难下结论。

这种不满，其次体现在对中等教育与高等教育发展的协调性上。21世纪以来，我国高等教育已经迅速地走进了大众化的年代，越来越多的高中毕业生走进了高等学校。在这样的背景下，我们中学是否能够培养出适合高等学校需要的人才？同样，我们也不能给出肯定的答案。

周琦（左）与马玉芬校长

这种不满，最后体现在对百年名校文化的继承与创新关系的把握上。百年名校几乎都是有着丰厚文化底蕴与积淀的学校。怎样把这份宝贵的财富积累下来，并不断地添砖加瓦？这也是一个问题。从周琦校长报告的字

周琦校长（右二）与她的"亲友团"

新时期社会对学校有新期待，不断地认识学校现状与社会新期待的差距，才有超越自我的动力。

里行间，我们看到了五中的追求：继承百年的财富，同时，革故鼎新，与时俱进，不断超越。新时期社会对学校有新期待，不断地认识学校现状与社会新期待的差距，才有超越自我的动力。在这一意义上，不懂继承是可悲的，这就像一个拿着金饭碗的乞丐，他不知道这一金饭碗的价值；同样，不懂得创新也很凄惨，就像一个败家子，他不知道尽管金饭碗价值连城，也会有被吃完的一天。

第二个阶段是自我诊断。在自我挑战的继承上，学校需要自我诊断。自我诊断就是要找出问题的根源，找出问题的要害，同时要作出判断：自我超越要从哪里起步。通过自我诊断发现学校存在的问题及其根源，从而有针对性地改进问题。沈阳五中在自我诊断中发现：作为百年名校，学校在发展中多了一份保守，一份安逸，一点自信，少了一点创意。于是，学校决定，超越要从提升学校的"精气神"入手，全面提升教职员工的精神追求。

第三个阶段是自我定位。学校应准确地把握住发展的每个机遇，顺势而为，从而使学校能够更好地发展。学校的自我定位同时也包括对教师、学生的定位，逻辑地说，自我定位是在自我诊断基础上进行的。"关键在教师，核心在教学"，这是沈阳五中对学校改革"关键"与"核心"的定位，沈阳五中这几年快速发展证明：学校的这个定位是准确的。

"关键在教师，核心在教学"。

第四个阶段是自我超越。学校可以跨越式发展，但不能超常规发展，遵照规律，少走弯路，这就是跨越发展。对规律的认识是我们能够最终完成超越的重要基础。

学校可以跨越式发展，但不能超常规发展，遵照规律，少走弯路，这就是跨越发展。对规律的认识是我们能够最终完成超越的重要基础。

针对自我超越，周琦校长将沈阳五中作为一个个案介绍给我们，给了我们很多的启示，一个全景式的学校自我超越发展模式呈现在我们眼前，很值得深入研究。

从学校管理的角度来说，校长的办学思想如何内化为学校的办学精神，传递给教职员工，使之成为学校教职工的共同追求，这是值得每位校长都认真思考的重要课题。在这一方面，五中取得了很成功的经验。从文化传播的角度来说，校长的办学理念内化为学校的精神有两种途径：一种途径是理性的，从五中来说，这种理性的形式就是将校园精神进行提炼，进行概括，提出八个字"自强不息，超越自我"；另一种途径是感性的，文化与精神的传递除了理性的方式外，更要靠活动，靠故事。正是人和事才能把理性的精神以一种可感知的方式传递下去，对于我们来说，研究精神的传递途径非常重要。周琦校长在报告中指出，校长应把代表学校精神的人和事总结出来，让他们来引领学校精神的发展。这条经验很有意义，它指出了学校文化传承的一条重要途径。

衷心祝愿在周琦校长领导下，沈阳五中能办成一所让沈阳人民满意的学校。

谢谢大家！

27

在服务社会中争取社会支持*

尊敬的朱建民校长、各位领导、各位同仁：

  为了造就一支人民教育家的队伍，从 2009 年开始，根据教育部人事司的指示，教育部校长培训中心每年举办一期"全国优秀中学校长高级研究班"。到目前为止，这个班一共举办了两期。"全国优秀中学校长高级研究班"的目标是在全国优秀校长中造就一批教育家型的校长，通过他们来引领与带动整个中国基础教育的发展。传播教育家型校长先进的教育思想是教育部人事司对我们的要求，当然，也是我们培训中心义不容辞的责任。

  今天我们非常高兴和北京教育科学研究院合作来举办"人民教育家论坛"。我认为这个论坛至少有两个方面的作用：

---

* 本文是在朱建民教育思想研讨会上的点评。朱建民，男，北京市第三十五中学校长，曾获北京市先进教育工作者、北京市奥运会先进工作者等称号。他教育讲演的题目是"整合社会资源，回归教育本质，办人民满意学校"，载《教育：培育美好人性》，华东师范大学出版社，2012 年版。

朱建民校长（右四）与国旗护卫队合影

第一个方面，对每个坛主来说是一次深化和升华自己教育思想的过程。作为校长，平时日常工作非常繁忙，很少有时间能来系统地反思自己，总结自己的经验。我一直相信毛泽东的一句话："感觉到了的东西，我们不能立刻理解它，只有理解了的东西，才能更深刻地感觉它。"如果我们能在理性的水平上对曾经做过的很多事加以概括和提炼，就会对其本质有更深刻的理解，这种理解会对我们以后的工作有很大的帮助。这个过程就是思想提炼的过程，就是一个深化自己思想的过程，也是升华自己教育思想的过程。我相信从朱建民教育思想研讨会的过程来看，我们达到了这样的目标，我相信朱校长在对自己所走过的4所学校历程反思的基础上，对办学一定会有更深刻的认识，从中找到了学校办学规律性的东西。这是我们召开这

27 在服务社会中争取社会支持

样的论坛的目标的第一个方面。

第二个方面,就是要传播这些教育家型校长他们的先进思想,起到一个引领、带动的作用。党中央、国务院特别强调,要依靠教育家办学,要努力营造教育家办学的氛围。这些教育家办好自己的学校是重要的,同时通过他们的影响来引领中国基础教育的发展更为重要。今天这个论坛两方面的目的在我看来已经达到了,这是我们非常高兴的。

接下来,我想简单地谈谈我对朱建民校长办学思想的理解。从朱校长的办学思想来看,我认为有三个方面可能还是需要各位校长进一步体会的:

第一,经营学校首先要经营学校的无形资产。校长要有经营能力,这是大家的共识。但是校长究竟要经营什么?不同人有不同的理解。有的校长关注的是学校的财力、物力,关注的是社会的捐赠,甚至还想到要巧立名目进行收费,以改进学校的办学条件,提高教师的生活待遇,这确实都属于学校社会资源利用的问题。但是后者所用的手段是严重不当的。

更重要的是,对于各位校长要树立一个理念:经营学校首先要经营学校的无形资产。对学校来说,这个无形资产是什么?是学校的办学特色,是学校的人才培养模式,是在这个基础上形成的学校品牌。朱校长走过的这4所学校,在他的领导下,有效地提升了学校的办学质量,得到了社会的认可和认同,学校的声誉也得到了极大的提高,对于学校来说,这就是最重要的资产,尽管这个资产是无

> 经营学校首先要经营学校的无形资产。

卓越校长的追求

形的。在我看来学校的无形资产比有形资产更重要。

第二，利用资源首先要培育资源。中国人讲"舍得"就是要有舍有得，这是一种境界。百年奥运申办成功后，朱校长马上想到配合奥运推出奥运英语，以后又在一一〇中学举办了将军画室，这些都是给予，不是索取。给予社会并得到社会的认同，就会有回报，这个思想对我们很有启示意义。当然，朱校长当时并没有想从社会要到什么回报。社会对学校办学的认可就是对学校最好的奖赏。有舍有得，先舍后得，我认为是一种的艺术，更是朱校长的一种思想境界。所以从三十三中、一一〇中、一五六中、到三十五中，朱校长到每一所学校，都能够把这一所学校带火，那是不容易的，那是因为有着一种精神的追求，有着一种境界。

第三，在服务社会中争取社会资源。教育的本质是什么？大家都知道：教育是一种培养人的社会活动。这里有两个关键词："社会活动"与"培养人"。教育是社会活动，所以就要关注社会；教育要培养人，所以就要关注人，也就是我们的学生。在这个意义上，我们都非常欣赏朱校长，他十分关注社会的变化，能够根据社会变化的需要来确定学校的目标，给学校定位；同时，学校又坚持以学生发展为本。

按照我的理解，一个学校的定位要考虑四个方面，也就是四条客观的原则。

学校的定位首先考虑的是社会客观需要，教育闭起门来是没有价值的，教育的价值体现在为社会的发展，为人的发展服务。所以对学校来说，就要了解社会的需要，这

> 教育是一种培养人的社会活动。这里有两个关键词："社会活动"与"培养人"。教育是社会活动，所以就要关注社会；教育要培养人，所以就要关注的人，也就是我们的学生。

> 教育闭起门来是没有价值的，教育的价值体现在为社会的发展，为人的发展服务。

与浙江农林大学党委书记、校长座谈教育发展

是办好学校最根本的所在，是学校价值得以实现的根本所在。

当然，一个学校要办好，其次要考虑的是自身的客观基础。

再次要考虑的是办学客观条件，办学校还是要有条件支撑的。

最后要考虑的是学生发展的客观规律。

社会的客观需要，学校的客观基础，办学的客观条件，教育的客观规律，这是学校办学定位需要考虑的四个要素。把握社会的需要是至关重要，所以，我一直建议校长们有时候要跳出学校，不要把自己当作校长，要把自己当成区长、市长，看一看西城区的发展，北京市的发展需要什么样的人，要解决什么样的问题，只有这样我们才能

与第一期高研班学员座谈

够把握社会发展给教育提供的各种机会，在服务社会中争取教育的资源，为学校发展提供更好更多的资源保障。

当然，学校服务社会，不仅仅是资源保障的需要，更重要的是学校实现自身使命与价值的需要。学校发展需要内外结合、内外联动与内外兼修。在这一方面，三十五中做得非常出色，她通过对社会需要的了解，以及对社会发展过程中各种教育机会的把握，促进了学校的发展，又使我们学校的发展来带动或者说提升社会。这个过程是相互作用的过程，当然也是一个长期才能见到效果的过程。在这方面，我认为三十五中是非常成功的，朱建民校长是非常成功的。

最后，我想讲一讲全国优秀中学校长高级研究班的任务。根据教育部的要求，全国优秀中学校长高级研究班以培养一批教育家型的校长为己任。教育家型校长的一个重要特点就是有着自己独到的教育思想。研究班的任务之一就是帮助校长把在实践中形成的思想提炼出来。

校长教育思想的提炼,有三个方面的工作,也就是要做三件事:

1. 隐性知识显性化。在实践第一线的校长,有时候有很多经验确实是只可意会,不可言传的。但是,实践证明,这种情况并不多见。校长办学的经验在大多数的情况下是可以借助于语言表述的。当然,这需要我们沉下心来,把经验上升到理性水平上加以总结,进行理论的概括,这就是将隐性知识显性化。显性化的知识才是可以用文字表达,用语言呈现出来的,才是可以传播的,它才可能起到带动与引领的作用。

2. 个别知识普遍化。学校教育与管理总是在特定条件下进行的,它是否具有普遍的意义,人们总是很怀疑。这种怀疑应当说是很有道理的。在这个学校成功的经验推广到另一学校并不一定能成功,因为,这一学校的环境与那一学校大不相同。但是,我们相信,只要这一经验是符合规律的,它就具有普遍的适用性,是可推广的,可以示范的。三十五中的经验可以推动西城区,推动北京市乃至是全国的中学教育。朱建民校长今天给我们提供了一个很好的范例,他走了4所学校,尽管这4所学校背景各不一样,但朱校长的思想是一贯的,由于他的思想符合了学校发展的规律,所以他走到哪个学校,那个学校就可以火起来,就能办成,就能办出人民满意的教育。个别知识普遍化就是要找到办学经验背后的一般规律。

3. 零星的知识系统化。作为校长来说，工作多、事情杂，如：学校的教学、德育、校园安全等，最初我的理解是朱校长前边讲的是社会治安，后边讲的是内部环境，两者之间似乎没有什么关系。以后经过反复的、仔细的研读，才确定了它们内在的逻辑关系。所以前面我说三十五中经验的一个特征就是"内外结合，内外连动，内外兼修"，正因为如此，所以它能形成一个很完整的思想体系。

所谓"零星的知识系统化"就是要找到这个概念与那个概念之间的关系，对校长来说，就是要找到学校这个活动与那个活动之间的关系。一个优秀的校长在处理学校各项工作的时候，并不是随心所欲，而是有着他一以贯之的价值取向，一以贯之的理性追求的。零星的知识系统化就是要把其中一以贯之的东西找出来。

衷心感谢各位领导在百忙之中参加"人民教育家论坛"，感谢三十五中为会议作的精心的安排，感谢各位校长的共同参与。衷心祝愿三十五中越办越好。祝愿朱建民校长的教育思想更加成熟，祝愿朱建民校长的思想能在全国产生更大的影响。

谢谢大家！

> 一个优秀的校长在处理学校各项工作的时候，并不是随心所欲，而是有着他一以贯之的价值取向，一以贯之的理性追求的。